Various Figures.
여러 가지 피규어

매년 많은 인기 캐릭터가 피규어화 되는 요즘.
제작자의 기술과 센스가 응축된 피규어는 보는 것만으로도 즐거운 법이다.
원형을 만드는 제작자가 어떠한 점에 주목을 하고,
실제로 입체화하였는가를 생각하면서 보는 것도 좋을 것이다.

미나모토 치즈루
-특별판-

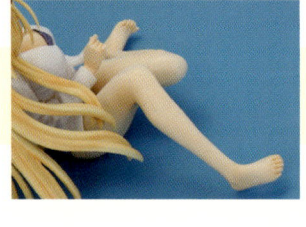

Figure #01
미나모토 치즈루
원작 『카노콘』

ABS・PVC 도장완료 완성품 1/5스케일 / 전고 : 약 180mm /
원형제작 : 시라히게 츠쿠루(白髭創) / 발매원 : 고토부키야

〈원형사 코멘트〉
큼직한 피규어이기 때문에 밋밋하게 보이지 않도록 머리카락이나 옷의 주름 같은 것에 신경을 썼습니다. 또한, 란제리의 세부를 재현하는 데 힘을 쏟았습니다. 이런 자잘한 디테일을 넣는 일은 그렇게 많지 않습니다. 가장 고생한 점은 특별판 쪽의 섹시한 표정. 뺨에 붉은 기를 넣는 것만으로도 상당히 느낌이 변하니까요. (시라히게 츠쿠루)

© 2008 니시노 카츠미・미디어 팩토리 / 카노콘 제작위원회

Figure #02
섬인 하루카
원작 『초앙섬인 하루카』

ABS·PVC 도장완료 완성품 1/8스케일 / 전고 : 약 200mm /
원형제작 : 마키오 무네토시(槙尾宗利) / 발매원 : 고토부키야

〈원형사 코멘트〉
활동감이 있는 포즈 만들기에 신경을 썼습니다. 사슬갑옷은 그 물을 원형에 붙여 재현했습니다. 부디 눈여겨봐 주셨으면 하는 부분입니다. 통상판, 데미지판이 상품화되었는데요, 옷만 갈아 입힐 수 있도록 분할방법을 연구했습니다. (마키오 무네토시)

© ALICESOFT

Figure #03
미사카 미코토
원작 『어떤 마술의 금서목록』

ABS·PVC 도장완료 완성품 1/8 스케일 / 전고 : 약 200mm /
원형제작 : 키요하라 히데아키(清原秀昌) / 발매원 : 고토부키야

〈원형사 코멘트〉
전체적으로 의상이나 포즈는 심플하게 구성되어 있기 때문에, 본래 캐릭터의 맛이 나오도록 노력했습니다. 이러한 표정의 미소녀 피규어는 이 외에는 그다지 없습니다만, 미사카 미코토의 장점을 깎아내지지 않도록 신경 써서 제작하였습니다. 손에서 나오는 효과 제작에 있어서도 어두운 곳에서 더듬거리며 찾는 심정이었습니다만, 표정, 구성 등을 포함하여 전체적으로 캐릭터의 분위기가 나오면 되지 않을까, 하고 생각했습니다. (키요하라 히데아키)

© 카마치 카즈마 / 아스키 미디어 웍스

Various Figures.

Figure #04
카미키타 코마리
원작 『리틀 버스터즈!』

ABS・PVC 도장완료 완성품 1/8 스케일 / 전고 : 약 100mm / 원형제작 : 타카쿠&타케시(タカク&タケシ) / 발매원 : 고토부키야

〈원형사 코멘트〉
미소녀 피규어는 (캐릭터에 따릅니다만) 「귀엽게 만든다」는 것이 중요하다고 생각하기 때문에 어떤 점을 중심으로 하면 그렇게 보이는가, 하는 점에 신경을 쓰고 있습니다. 이 원형을 만들 때, 원본 일러스트가 있었습니다. 그것이 굉장히 귀여운 일러스트였기 때문에, 그 귀여운 점을 잘 표현해야지 하고 생각하면서 제작하였습니다. (타카쿠&타케시)

© 2007 VisualArt's/Key

Figure #05
노우미 쿠드랴후카
원작 『리틀 버스터즈!』

ABS・PVC 도장완료 완성품 1/8 스케일 / 전고 : 약 175mm / 원형제작 : 닛시(ニッシー) / 발매원 : 고토부키야

〈원형사 코멘트〉
쿠드랴후카는 고토부키야에서 처음으로 한 작업이었기 때문에 「제대로 해야만 해」라는 마음을 가지고 달려들었습니다. 머리카락의 정보량이나 망토의 크기, 다리를 굽힌 각도 등에 특히 신경을 써서 만들었습니다. 아무튼 유저의 마음에 들 수 있기를, 하는 생각을 하면서 만든 작품입니다. (닛시)

© 2007 VisualArt's/Key

Figure #06
이치노세 코토미
원작 『CLANNAD』

PVC 도장완료 완성품 1/8스케일 / 전고 : 약 190mm / 원형
제작 : 카와즈미 토모아키(河澄智晊) / 발매원 : 고토부키야

〈원형사 코멘트〉
주관적, 객관적인 눈으로 보면서, 양식미로서의 캐릭터성과 상품으로서의 입체적으로 비치는 면이 양립할 수 있도록 제작을 진행하였습니다. 다시 한번 이러한 기본으로 돌아가는 것의 중요함을 깨닫게 되어 굉장히 공부가 많이 되었던 원형입니다. 바이올린은 제게는 익숙하고 친숙한 악기였기 때문에 즐겁게 조형할 수 있었습니다. (카와즈미 토모아키)

© VisualArt's/Key

Figure #07
아야나미 레이
플러그 슈츠 ver.
원작 『에반게리온 신극장판 서』

PVC 도장완료 완성품 1/6스케일 / 전고 : 약 225mm / 원형제작 : 시라히게 츠쿠루(白髭創) / 발매원 : 고토부키야

〈원형사 코멘트〉
원작의 이미지를 손상시키지 않도록 하면서 섹시한 느낌이 나도록 신경을 썼습니다. 베이스인 영호기에 올라타서 몸을 비트는 것으로 섹시한 느낌을 표현하려고 하였습니다. 레이의 원형은 이 작품으로 두 번째입니다만, 플러그 슈츠를 만드는 것은 처음이기에 어려웠습니다. 색은 펄이 들어간 화이트로 광택을 표현했습니다. (시라히게 츠쿠루)

ⓒ 컬러 · GAINAX

Various Figures.

Figure #08
스즈메
원작 『전국란스』

ABS・PVC 도장완료 완성품 1/8스케일 / 전고 : 약 170mm / 원형제작 : 마키오 무네토시(槇尾宗利) / 발매원 : 고토부키야

〈원형사 코멘트〉
얌전한 느낌의 포즈이기 때문에 너무 단조롭지 않도록 신경을 쓰면서, 가슴이나 엉덩이가 기모노의 틈새 부분에서 보여도 위화감이 없도록 제작하는 것이 꽤 어려웠습니다. (마키오 무네토시)

© ALICESOFT

Figure #09
나오미
원작 『The art of Shunya Yamashita』시리즈

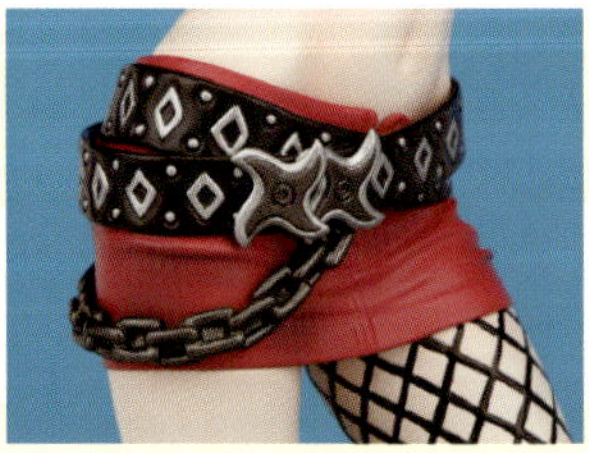

콜드 캐스트제(일부 화이트 메탈) 도장완료 완성품 / 전고 : 약 185mm / 원형제작 : 오가사와라 타케토(小笠原健人) / 발매원 : 고토부키야

〈원형사 코멘트〉
전체적인 균형을 생각하며, 원본 그림의 분위기를 잘 표현하였는지 어떤지에 고심하였습니다. 특히 신경써서 만든 부분은 스카잔의 조형, 붕대를 감은 가슴 부분, 배 부분입니다. 허리의 체인은 모두 깎아서 만든 것입니다. 이것도 꽤 힘들었습니다. 다리는 스커트의 타이트함을 표현하기 위해 별도 파츠로 만들었습니다. (오가사와라 타케토)

© 야마시타 슌야 2008

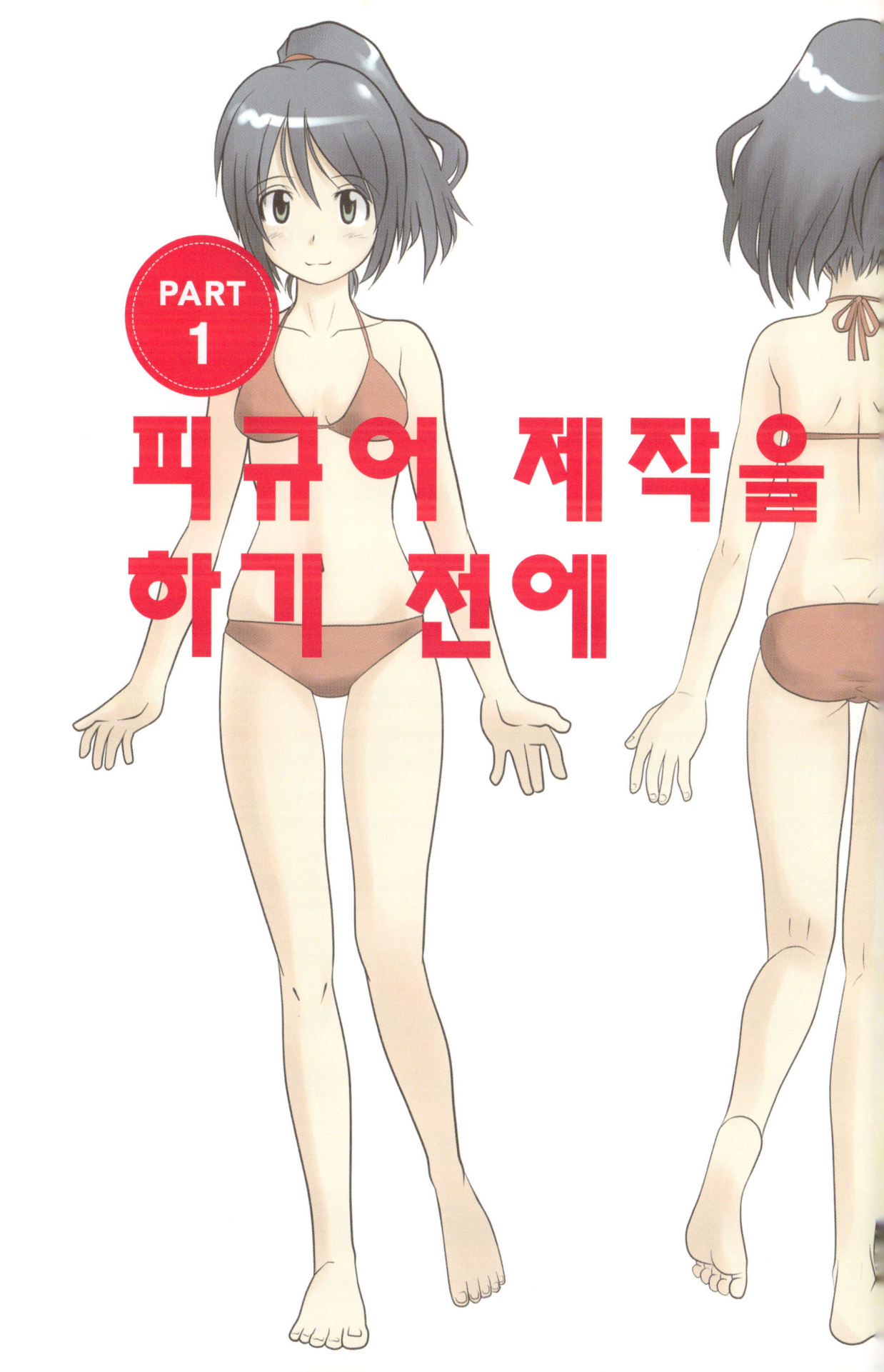

PART 1

피규어 제작을 하기 전에

PART 1 ▶ 피규어 제작을 하기 전에

이 책의 개요

이 책은, 문득「스스로 피규어를 만들어 보고 싶다」고 생각한 사람이, 곧바로 시작할 수 있는 나침반으로 삼을 수 있도록 하기 위한 HOW TO에 대한 책으로, 다시 말하자면 초급 중의 초급편.

우선은 어려운 일은 생각하지 말고, 석분점토와 철사로 피규어를 만들어 보지 않으시겠습니까? 하는 제안서라고 할 수 있습니다. 그런 본서는 아래와 같은 내용으로 구성되어 있습니다.

PART1
피규어 제작을 하기 전에 007

본서의 도입부분이 되는 이 파트에서는 피규어를 만들기 전에 가져야 할 마음가짐, 준비해야 하는 도구들을 소개하도록 하겠습니다.

PART2
일단은 만들어 보자 013

여기는 말 그대로「일단 만들어 보자」고 역설하고 있습니다. 깊이 생각하지 말고 일단 손을 움직여서 한 체의 피규어를 만들어 보는 것이 중요합니다.

PART3
자료를 활용하자 019

초보자・프로를 막론하고 아무런 참고자료도 보지 않고 피규어를 만드는 것은 일단 불가능하다고 해도 좋을 것입니다. 그렇다면 무엇을 참고로 해야 하는지, 여기서는 그것을 소개하도록 하겠습니다.

PART4
인체를 만들어 보자 025

여기부터는 드디어 석분점토를 사용하여 피규어 제작에 도전합니다. 우선은 모델이 되는 그림을 기본으로 해서 철사를 꼬아 점토를 붙이고 동체 부분을 대강 만드는 부분을 해설해 보도록 하겠습니다.

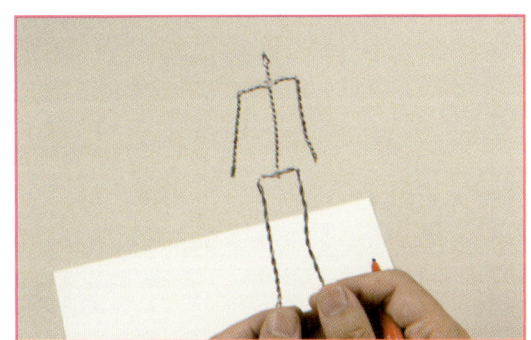

PART5
머리부분을 만들어 보자 058

머리부분은 눈이나 입 같은 세세한 파츠가 좁은 부분에 모여 있어 특히 입체화가 어려운 부분입니다. 여기서는 몸과 독립된 요소로서 머리부분의 제작방법을 자세히 따라가 보도록 하겠습니다.

PART6
스텝 업 복장조형 073

본서인 초급편은 기본적으로는 PART5까지가 되겠습니다. 여기서는 좀 스텝을 높혀, 복장조형 제작의 기초를, T셔츠를 모델에게 입히는 형태로 부록으로서 설명하도록 하겠습니다.

PART7
스텝 업 도장 083

특수한 도구나 다소 고가의 기재가 필요한 도장. 중급으로 오르는 스텝으로서 에어브러시를 사용한 도장방법을 부록으로서 소개합니다. 이 코너에서 모델로 삼은 피규어는 일단 완성됩니다.

PART 1 ▶피규어 제작을 하기 전에
기존의 피규어를 잘 관찰합시다

1
자신이 그 피규어의 어디에 반해 있는지를 생각해 봅시다

기존의 피규어라고 해도 실로 다종 다양한 피규어가 존재하고 있습니다만, 그 중에서도 분명히 자신이 「좋아하는 피규어」가 있을 것입니다. 그러한 피규어와 만났을 때는 자신이 그 피규어의 어디에 반하여 있는가를 생각해 봅시다. 그것에 의해 자신의 취향을 알 수 있을뿐더러, 만들고 싶은 것의 이미지도 명확해집니다.

2
좋아하는 피규어에 대해서 친구의 의견도 들어봅시다

자신이 마음에 들어 하는 피규어가 있다면 같은 취미를 가진 친구와 서로 감상이나 의견을 주고받아 봅시다. 「여기가 좋지?」「아냐, 여기가 좋잖아」와 같은 대화를 통해 「스스로 의식하지 못했었는데, 실은 여기에 반해 있었다」고 하는 새로운 매력을 깨닫게 될 가능성도 있으며 자신의 이미지 제작의 힌트도 됩니다.

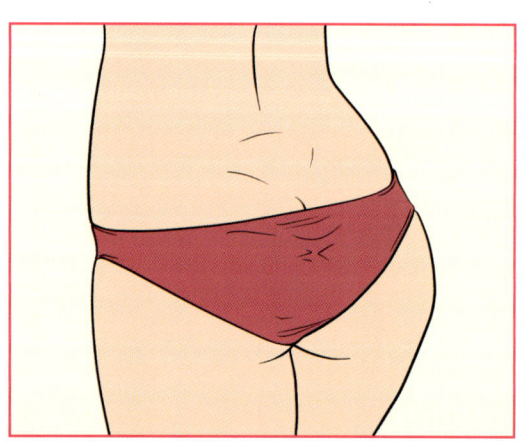

3
자신의 취향을 스스로 아는 것도 중요

「원화 캐릭터와 닮아있다」「다리가 예뻐」「엉덩이가 예뻐」「가슴이 예뻐」 같은 피규어에 반하게 되는 점은 사람마다 다릅니다. 그런 중에 자신이 그 피규어의 어디에 반하여 있는지를 생각하는 것으로, 자신이 피규어에 대해 어떤 부분이 어떻게 되어 있는 것이 취향인지를 스스로 발견할 수 있어 「이 캐릭터를 만들고 싶다」는 이미지로 이어지게 됩니다.

How to Make Figure | 피규어 제작을 하기 전에 | PART 1

최근 더더욱 퀄리티를 향상시켜가는 피규어. 콜렉터나 마니아에게 있어 기쁜 경향인 것은 물론입니다만, 「스스로 피규어를 만들고 싶다」고 생각하는 사람에게는 이러한 기존의 뛰어난 피규어들을 잘 관찰하는 것을 추천합니다. 왜냐하면 거기에야말로 피규어 제작의 커다란 힌트가 숨어 있기 때문입니다.

4
여러 가지 시점에서 피규어를 관찰합시다

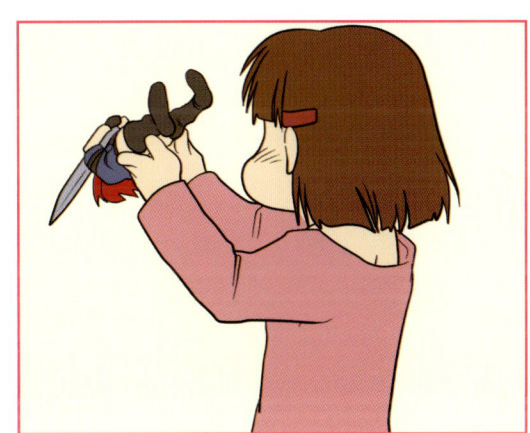

주름이 어떻게 이어져 있는가, 가까이 들여다보지 않으면 보이지 않는 세세한 디테일 같은 것을 찬찬히 관찰하는 것도 좋습니다만, 때로는 조금 떨어져서 전체적인 실루엣이나 밸런스가 어떤지를 살펴보거나, 각도를 바꿔 자신이 좋아하는 각도를 찾아보는 식으로 여러 시점에서 피규어를 관찰해 보는 것도 중요합니다. 거기서 새로운 매력이나 제작에 대한 힌트를 발견하는 일도 있을 것입니다.

5
뛰어난 피규어는 조형기술의 훌륭한 견본

「자신이 만드는」 것을 목표로 기존의 피규어를 관찰하는 것으로 제작자가 그 피규어를 만들 때에, 어떤 것을 노렸는지 취향은 어떠한지, 더욱 명확하게 알 수 있게 됩니다. 물론, 초보자에게 있어 허들은 높겠습니다만, 최종적으로 도달하고 싶은 목표로서 모티베이션(Motivation)에 일조하게 된다면 좋을 것입니다.

POINT

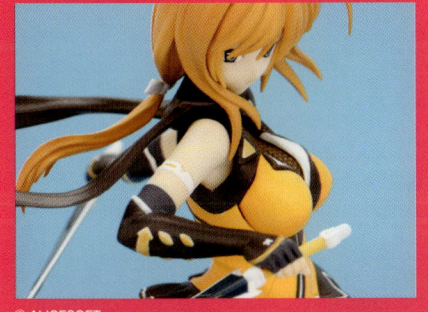

뛰어난 작품을 보고 이미지를 만들자!

기존의 피규어를 잘 관찰하고 「이러한 것을 만들고 싶다」고 생각해도, 초보자에게 있어서는 당연, 그대로 만드는 것은 불가능합니다. 그러나 자신에게 「이렇게 하고 싶다!」는 비전(Vision)이 없으면 무엇을 참고로 해야 할지조차 알 수가 없습니다. 바로 그 비전을 만들기 위해서, 기존의 피규어를 잘 관찰하는 것이 중요해지는 것입니다.

COLUMN

원형사 좌담회……… 1

피규어 제작을 시작한 계기

피규어 제작을 시작하는 사람에게 있어, 현역 원형사의 목소리는 커다란 힌트로 가득 차 있습니다. 거기서 현재 제1선에서 활약하고 있는 세 사람의 현역 원형사들의 좌담회를 열어보았습니다.

시라히게 츠쿠루 (이하, 시라히게) : 제가 공작을 시작한 계기는 프라모델이네요. 주로 건프라였지만. 거기서 프라모델 개조가 되고, 파츠부터 만든 풀 스크래치가 되고, 거기서 캐릭터를 만들게 되고, 그리고 어디로 갈까요(웃음).

타카쿠&타케시(이하 타카쿠) : 저도 건담을 좋아했어요.

시라히게 : (큰 소리로) SD지!?

타카쿠 : 깜짝 놀랬네요~. 뭡니까? 갑자기.

시라히게 : 아니 세대적으로 말이지.

타카쿠 : 그렇죠. 그리고 미니카라든지. 제 세대에서는 다들 그랬으니까요.

키요하라 히데아키(이하 키요하라) : 저는 프라모델 개조 같은 건 전혀 해본 적이 없네요.

시라히게 : 와~ 이단이다.

키요하라 : 제 경우는 계기라고 해도 너무 특수해서 이야기하기 어렵지만, 신문지를 찢어서 아라비아풀(역주 : 아라비아 고무를 섞은 점도가 높은 풀)을 섞어서 그걸 믹서로 갈아서 소재를 스스로 만들어서, 반죽한 다음 굳혀서 깎아서 여러 가지를 만들었으니까요.

타카쿠 : 소재부터 만들어 냈던 거네요(웃음).

키요하라 : 하비계열 책 같은 것도 봤지만, 처음에는 소재 같은 건 전혀 모르고 있었거든요. 이런 걸 하던 도중에 스컬피 같은 걸 알게 되었죠.

시라히게 : 레벨 업(웃음)!

키요하라 : 하지만 의외로 폴리퍼티나 에폭시퍼티 비슷한 게 만들어졌거든요. 게다가 그 소재, 완성시켰을 때 단단하기로 따지면 최강이라고요.

타카쿠 : 가격 면에서도 상당히 저렴할 것 같네요(웃음). 그리고 그 제조법이라면 가벼울 것 같고요.

키요하라 : 그래요, 최경량에 최강이고 싸죠(웃음)!

시라히게 : 기술혁신이다. 색은?

키요하라 : 잉크가 번져서 검은색에 가까운 회색이지요. 잘게 찢은 신문지를 믹서로 간 거니까요. 왜 그런 짓을 했었는지 스스로도 잘 알 수가 없긴 하지만요. 주변에 이런 걸 좋아하는 사람도, 가르쳐줄 사람도 없었으니까요.

시라히게 : 어째 불쌍한 아이 같잖아(웃음). 물어봐. 석분점토 같은 건 가르쳐 줄 테니까(웃음).

㈜ 본문에 나오는 소재에 대해서는 P16-17에서 소개하고 있습니다.

시라히게 츠쿠루
Shirahige Tsukuru

1974년 시즈오카 출생, AB형. 철이 들 무렵에는 점토로 메카부톤(『타임보칸』시리즈)을 만들고 있었다. 초등학교 1학년 때에 1/144 구프(반다이)의 프라모델을 만든 이후, 건프라에 빠진다. 1997년 고토부키야 입사, 이후 「샤나」(『작안의 샤나』)「코노미」(수영복 버전『To Heart2』)「아일」(TV『프라모델을 만들자』기획 오리지널) 등의 원형을 담당.

시라히게가 원형을 담당한 「아야나미 레이 플러그 슈츠ver.」(『에반게리온 신극장판 서』). 관능적인 표정과 플러그 슈츠를 입은 보디라인이 수려하다. 또한 표정과 시선이 이 정도로 위를 올려다보는 시판 피규어는 얼마 되지 않기 때문에 신선한 인상을 준다.

㈜ 키요하라 히데아키의 프로필은 P.18, 타카쿠&타케시의 프로필은 P.244에 게재.

ⓒ컬러 · GINAX

PART 2

일단은
만들어 보자

PART 2 ▶일단은 만들어 보자

우선은 완성시키는 것이 중요

1
우선은 좋아하는 캐릭터부터 만들어 보자

가장 먼저 피규어를 만들 때에는「만들고 싶다」는 강한 열정과 의욕이 중요한 포인트가 됩니다. 그러기 위해서는 만화든 애니메이션이든 좋으니 자신이 좋아하는 캐릭터부터 만들어 봅시다. 좋아하는 캐릭터라면「어떻게 만들고 싶은지」이미지를 그리기도 쉽고, 무엇보다도 마지막까지 완성시킬 동기를 유지하기 쉽기 때문입니다.

2
처음에는 만들기 쉬운 포즈의 그림을 입체화 시켜보자

좋아하는 캐릭터의 그림을 입체화시킨다고 해도, 처음에는 만들기 쉬울 것 같은 포즈가 그려진 그림을 원화로 하는 것을 추천합니다. 그쪽이 완성하기까지 제작 시간도 짧고, 동기를 유지하기도 쉽기 때문입니다. 다만「좋아하는 캐릭터라면 설령 실패해도 많은 것을 배울 수 있다」는 마음이 있다면, 굳이 어려운 포즈의 원화에 도전하는 것도 한가지 방법입니다.

3
너무 많이 처음부터 다시 만들지 말고 일단 완성시켜보자

마음에 안 든다고 해도 여러 번 다시 만들게 되면 처음의 모티베이션이 이어지지 않게 되어 피규어를 결코 완성시킬 수 없게 됩니다. 그래서 다소 마음에 들지 않더라도 일단 완성시켜 봅시다. 수가 늘면 그에 따라「점점 자신의 기술이 향상되어 간다」는 것을 실감할 수 있어「실력이 늘고 있다」는 새로운 모티베이션을 손에 넣을 수 있습니다.

[우선은 지식을] 이라고 해서 이상한 공부만 하는 사이에 할 마음이 없어지고 만다면 아무리 지나도 피규어 만들기는 시작할 수 없습니다. 물론 기초적인 지식은 필요합니다만, 역시 손을 움직여 실제로 한 체의 피규어를 완성시켜 보고 반성한 점을 다음 번 제작에 살리는 자세가 피규어 제작을 시작하는 포인트입니다.

4
만드는 것으로 인해 처음으로 자신에게 부족한 것이 무엇인지 깨닫는다

초보자는 당연히 피규어가 완성될 때까지 어떤 공정이 있는가를 실감할 수 없습니다. 그러나 한번 형태로 해서 완성할 때까지의 공정을 체험해 보면, 각각의 공정에서 「자신에게 무엇이 부족한가」를 파악할 수 있습니다. 거기부터 부족한 부분을 공부하고 연구해 나가며 다음 작품에 임한다면 자신의 기술을 확실히 향상시킬 수 있을 것입니다.

5
전신이 어렵다면 흉상부분부터 만들어 보자

손발이 있는 전신상의 경우 포즈제작은 물론, 조형적으로도 초보자에게 있어서는 난이도가 너무 높습니다. 그런 경우에는 좋아하는 캐릭터의 흉상 정도부터 만들기 시작하는 것을 추천합니다. 흉상은 흉상대로 훌륭한 하나의 작품이기 때문에, 우선은 흉상으로 피규어가 완성될 때까지의 공정을 확실히 체험하면서 전신 피규어 제작에 도전해 보는 것도 좋을 것입니다.

POINT

여러 개를 만드는 것으로 테크닉 향상을!

누구나 처음부터 완벽한 피규어를 만드는 것은 불가능합니다. 물론, 장래의 목표로서 높은 지향점을 가지는 것은 중요합니다만, 우선은 여러 개를 만드는 것을 생각해 봅시다. 실제로 만들고, 반성할 점을 다음 작품에 반영하는 것을 태만히 하지 않는다면 실천적인 경험이 쌓이고 쌓이는 덕분에 확실히 레벨 업 할 수 있습니다.

© VisualArt's/Key ©컬러 • GAINAX ©카마치 카즈마 / 아스키 미디어 웍스

PART 2 ▶일단은 만들어 보자

피규어에 사용되는 소재

1
폴리에스테르 퍼티
(통칭 : 폴리퍼티)

페이스트 형태의 주제(主劑)에 경화제를 섞어 경화시키는 조형소재입니다. 흐느적흐느적 하기 때문에 점토처럼 형태를 만드는 것은 불가능합니다만, 여기서 소개한 4종의 소재 가운데서는 경화시간이 가장 짧습니다. 경화시킨 다음 깎아서 모양을 만듭니다. 유기용제를 사용하고 있기 때문에 독성이 있고, 깎아낼 때 나오는 분진을 흡입하지 않도록 마스크를 착용해야 하는 등 취급에 충분한 주의가 필요합니다.

2
에폭시 퍼티
(통칭 : 에포퍼티)

점토모양의 주제와 경화제를 섞어 경화시키는 조형소재입니다. 경화될 때까지 시간이 있기 때문에(조건에 따라서 다릅니다만 빠르면 2~6시간) 모양을 만들면서 경화시키고 나서, 남는 부분을 깎아내 모양을 만듭니다. 장시간 공기 중에 접촉되면 변질되기 때문에 밀폐보존이 필요하며 피부가 약한 사람은 맨손으로 만지면 염증이 생기는 경우도 있기 때문에 취급에 일정한 주의가 필요합니다.

3
석분점토
(환도)

건조시키면 경화되는 석분을 사용한 조형용 점토입니다. 완성해도 다른 소재에 비해 부드럽기는 하지만, 잘 늘어나고 손에 잘 붙지 않으며 어느 정도 강도도 있기 때문에 깎아내는 것도 가능한 등 많은 이점이 있습니다. 공작 같은 때 사용하기 때문에 친숙함이 좋고 4종류 중에서도 가격이 가장 싼 점도 매력입니다. 각 회사의 상품에 따라 건조시간이나 입자의 세밀함이 다르기 때문에 자신에게 맞는 것을 사용합시다.

피규어 제작에는 여러 가지 소재가 사용되고 있어서 그 피규어가 어떤 소재로 만들어졌는지를 알아보는 것은 프로라고 해도 어렵다고 합니다. 그래서 현재 피규어 제작에서 사용되는 수많은 소재 중에서 대표적인 네 종류의 소재를 골라서 각각의 특징이나 사용법을 소개해 보았습니다. 소재를 고를 때 참고로 삼아 보세요.

4

스컬피
(조형용 플라스틱)

가열하면 경화되는 플라스틱 조형소재입니다. 오픈 토스터 같은 것으로 130~200도(두께나 조건에 따라서 다릅니다)에서 구워주기 전까지는 점토 상태이기 때문에 모양을 계속 바꿀 수 있습니다. 단단함과 점도의 균형이 좋기 때문에 정밀한 가공이 가능하고, 깎아낼 수 없는 것은 아닙니다만, 경도가 있기 때문에, 굉장히 깎아내기 어려워 추천은 못합니다. 또한 가격이 비싸고 자극물질이 포함되어 있으므로 취급에 어느 정도 주의가 필요합니다.

소재는 목적에 따라서 고르는 방법이 변한다

피규어 제작의 소재는 제각각 조형상의 특성이나 이점이 다르기 때문에 만드는 사람의 지향점이나 「어떠한 것을 만들고 싶다」에 따라 판단재료가 달라집니다. 그렇기 때문에 「일반론으로서는 이걸로 하는 편이 좋다」고 한정시킬 수 없습니다. 실제로 스스로 만들어가는 도중에 사용하는 방법이나 완성한 후의 느낌 등, 여러 가지를 시험해보고, 가장 자신에게 잘 맞는 소재를 발견해 봅시다.

POINT

둥근 모양의 스컬피

소재의 취급 등에는 주의합시다!

소재에 따라서는 취급에 주의가 필요한 경우가 있습니다. 예를 들어 스컬피라면 프탈산에스테르를 포함하고 있기 때문에 점막에 자극이 있고, 눈을 비비거나 하지 않도록. 또한 가열 후에는 상당히 고온이 되기 때문에 화상에도 주의합시다. 게다가 오븐도 조리용과는 별개로 전용 오븐을 준비해야만 합니다.

COLUMN

원형사 좌담회·········· ②

피규어 제작 소재와 도구

피규어 제작을 시작하는 사람에게 있어, 역시 신경이 쓰이는 것은 구체적으로 사용하는 소재와 도구. 그래서 세 사람의 원형사에게 추천하는 소재와 도구에 대해 물어 보았다.

스파츌러

키요하라 히데아키(이하 키요하라) : 아직 틀이 잡히지 않은 초보자라면 스컬피로 놀아보는 것이 좋지 않을까요. 폴리퍼티는 모양을 만드는 이미지가 잡히기 힘들다고 생각하니까요.

시라히게 츠쿠루(이하 시라히게) : 폴리퍼티 냄새도 심하지(웃음).

타카쿠&타케시(이하 타카쿠) : 가족한테 혼날 정도로(웃음). 하지만 스컬피도 오븐에서 구우면 위험한 가스가 나오기 쉬우니까 식품용하고 공용으로 쓰지 말아주시면 좋겠네요.

시라히게 : 그래도 만들기 쉬운 점에서는 스컬피가 좋다고 생각합니다. 제일 형태가 잘 나오니까요.

타카쿠 : 제 추천은 폴리퍼티가 될려나. 메리트가 있다고 하기보다 결점이 적다는 점에서. 가까이 있기도 하고, 저도 이것부터 쓰기 시작했으니까요.

키요하라 : 도구에 관해서는 하려고 하는 마음이 있다면 뭐든지 쓸 수 있지요. 맨손도 좋고, 100엔샵에서 파는 어린이용 점토 주걱 같은 것도 충분하니까요.

시라히게 : 꼬치 같은 것도 의외로 쓸만하죠. 나무젓가락으로 쓰기 쉽게 만들어도 좋고요. 스파츌러도 종류가 많이 있긴 하지만 쓸만한 건 한 두개 뿐이고 비싸고(웃음).

타카쿠 : 하지만 제 입장에서는 스파츌러가 메인인데요?

시라히게 : 점토계통이라면 스파츌러가 많군요. 여러 가지를 써서 시험해보는 것도 좋겠지만, 제 경우에는 디자인 나이프랑 스파츌러랑 메스를 주로 쓰는 것 같네요.

타카쿠 : 저는 디자인 나이프랑 꼬치네요.

키요하라 : 쓰는 도구는 소재에 따라서 달라지네요. 저 같은 경우에는 메인이 폴리퍼티일 때는 디자인 나이프가 메인이죠. 그거랑 메스, 스파츌러네요.

타카쿠 : 도구는 실제로 써보지 않으면 알 수가 없으니까요. 소재는 물론, 사람에 따라서도 다르고.

시라히게 : 그래도 「이거 좋을지도」하고 생각한 도구는 뭐든지 써보면 좋지요.

키요하라 : 여러 가지 시험해 보면 그 사람에게 맞는 도구를 알 수 있게 된다는 거네요. 뭐 날붙이를 쓰는 경우에는 손을 베이기도 하니까 다치지 않게 조심해주셨으면 하네요.

시라히게 : 그래도 베이죠?

키요하라 : 베이죠(웃음). 그래도 그렇기 때문에 제대로 「조심하라」고 말해야 하죠.

키요하라 히데아키
Kiyohara Hideaki

홋카이도 출신. A형. 고등학교 3학년 때, 어찌어찌 피규어에 흥미를 갖게 되었다. 사회인 수년 차에 지금까지 흥미로 하고 있던 원형제작을 본격적으로 시작하기로 결의, 열심히 공부를 개시한다. 그리고 수년 후에 고토부키야에 입사. 이후 「이루파」,「토나미 유마 메이드ver.」(모두 「To Heart2」)주인공,「페르소나3」카와조에 타마키,「뱀부 블레이드」 등의 원형을 담당.

키요하라가 원형을 담당한 「미사카 미코토」(「어떤 마술의 금서목록」). 미소녀 피규어이면서도 반바지를 착용, 전격의 입체표현 연구, 거기에 소도구에도 신경쓰는 등, 새로이 시험해본 부분이 보이는 수작.

ⓒ카마치 카즈마 / 아스키 미디어 웍스

㊟시라히게 츠쿠루의 프로필은 P12, 타카쿠&타케시의 프로필은 P24에 게재.

PART 3
자료를 활용하자

©카마치 카즈마 / 아스키 미디어 웍스 ©컬러 · GAINAX
©야마시타 슌 야 2008 © VisualArt's/Key

PART 3 ▶자료를 활용하자

만들 때는 참고자료를 활용하자

1
데생은 반드시
필요하지는 않다

아무것도 보지 않고 만들기 시작하면 판단기준이 없기 때문에 「이걸로 좋은가」하는 상황이 되어 버립니다만, 데생을 스스로 그려보면 그것만으로도 어려워지고 맙니다. 목적은 어디까지나 피규어라고 하는 입체를 만드는 것이기 때문에 데생에 얽매이기보다는 우선은 「이 만화의 이 컷」같이 구체적인 것을 견본으로 만드는 것을 추천합니다.

2
가장 가까운 참고자료는
자기 자신

옷의 주름이나 포즈 같은 것을 리얼하게 만들려고 할 때에, 가장 가볍게 참고자료로 쓸 수 있는 것은 자기 자신입니다. 주름의 경우는 스스로 손이나 발을 구부려 보면 어디에 주름이 생기는지 간단히 확인할 수 있고, 포즈의 경우도 스스로 포즈를 취해보면 자연스러운 포즈인지 아닌지를 알 수 있습니다. 나아가 그것을 옆에서 보는 것으로 전체적인 상도 파악할 수 있습니다.

3
사진을 활용하려면
디지털 카메라가 편리

한가지의 포즈를 여러 가지 각도로 보고 싶을 때는 사진을 활용합시다. 스스로 만들고 싶은 피규어와 같은 포즈를 취해 여러 가지 각도에서 가족이나 친구들에게 촬영해 달라고 하면 찍힌 사진은 피규어 제작에 있어 그보다 더 좋을 수 없을 정도의 참고자료가 됩니다. 그때, 디지털 카메라를 사용하면 현상이나 프린트하는 수고도 적어지기 때문에 빠르고 간편하며 더욱 편리합니다.

「일단 만들어보자」고 해도 아무것도 보지 않고 머릿속 이미지만 가지고 만들어서는 좋은 결과를 내기 힘듭니다. 그래서, 우선은 입체화하고 싶은 만화나 일러스트 등을 찾아 그것을 보면서 될 수 있는 한 비슷하게 하는 것을 목표로 합시다. 구체적인 대상물이 있는 편이 작업이 잘 되었는지 안 되었는지를 판단하기 쉬워집니다.

4
잡지나 그라비아 등을 자료로서 모아봅시다

포즈는 「생각한다」보다도 「찾아낸다」 쪽이 빨리 정해집니다. 세상에는 옷 카탈로그나 사진집, 여성지 등 여러 가지 포즈가 게재되어 있는 인쇄물이 있기 때문에 포즈를 모으기 위해 모아두면 여러 가지를 찾아볼 수 있어 편리합니다. 철사로 뼈대를 만들 때에 길이를 재고 싶을 경우에는 인체 데생 책이나 캐릭터 설정화 같은 것을 추천합니다.

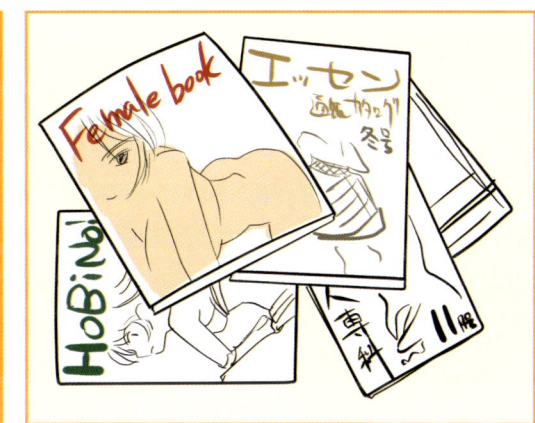

5
인체구조 지식 같은 것은 자연스럽게 몸에 익는다

「사람모양 물건을 만드는 이상 인체구조의 지식은 있는 편이 좋다」고 생각하기 쉽습니다만, 만들 때에 신체의 각 부분을 보는 것으로 보통 눈치 채기 마련입니다. 자신의 신체나 사진과 비교하면서 「이상해」라고 느껴질 때 고치면 되고 전체적인 위화감이 없이 완성되면 문제는 없습니다. 어렵게 생각하지 말고 우선 실제로 작업을 진행해 보는 것을 우선합시다.

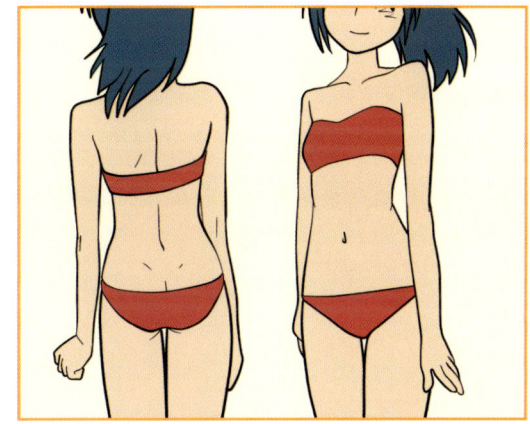

POINT

일러스트를 입체화할 때 어려운 점은?

「일러스트인 채로 만들어보자」는 것은 알기 쉽고 간편합니다만, 경우에 따라서 문제도 발생합니다. 2차원 일러스트로서는 성립해도 그것을 그대로 측정해서 3차원의 입체로 만들어보면 이상해 질 경우도 있기 때문입니다. 자료를 선택할 때는 이러한 「그림 특유의 거짓말」에 주의합시다.

PART 3 ▶자료를 활용하자

인체의 구조를 알아보자

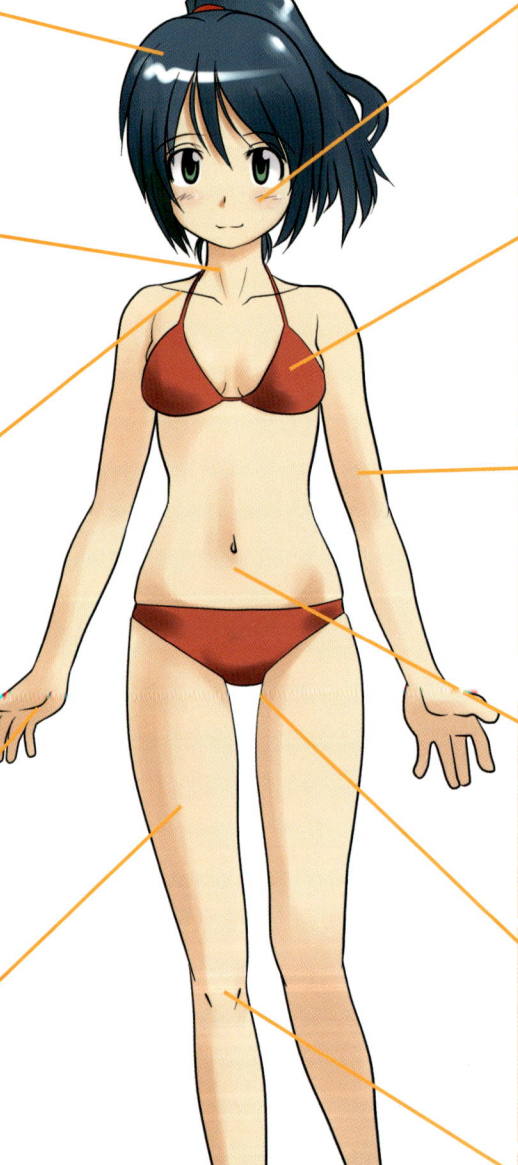

두발
일러스트&입체화 때에 가장 데포르메되는 부분입니다. 대강 전두부(前頭部), 측두부(側頭部), 두정부(頭頂部), 후두부(後頭部)로 나뉩니다만, 피규어의 경우에는 앞뒤 같이 두발 자체를 단순화시킵니다. 또한 두발 자체의 반짝임(하이라이트)의 재현도 최근에는 생략되는 경우가 많이 있습니다.

목
목구멍에 해당하는 부분이 튀어나와 있기 때문에 목은 전면을 정점으로 하여 삼각형이 됩니다. 현실적인 인체보다도 가늘고 긴 설정을 하는 일이 많은 것이 목을 데포르메 할 때의 특징입니다. 목에는 쇄골로 이어지는 연골이 2개 지나가고 있는데 이것을 의식하게 되면 목의 리얼함이 증가합니다.

쇄골
쇄골의 상하부분에 반드시 오목한 부분이 생기기 때문에, 동체 안에서도 꽤나 눈에 띄는 골격으로, 선이나 입체로 신체를 표현하는 경우에는 빠질 수 없는 부분입니다. 어깨를 유지하는 역할의 뼈이기 때문에 팔을 들고 내림에 따라 동체의 중심부를 축으로 삼아 부채꼴 모양으로 모습이 변합니다.

손바닥
검지손가락에서 새끼손가락에 걸친 손가락이 붙은 부분은 손바닥 쪽에서 뚜렷하게 횡으로 선이 지나가고, 손등 쪽에서는 제각각 손가락 별로 골격이 튀어나와 있습니다. 엄지손가락만은 독립된 구조이기 때문에 우선은 엄지손가락의 위치를 잡고, 그에 맞춰 손가락 뿌리 부분의 봉긋함을 신경 써 줍시다.

다리
허벅지는 기본적으로 앞뒤로 긴 타원형으로 되어 있기 때문에 약간 바깥쪽으로 봉긋합니다. 데포르메화 한 표현상으로는 그 허벅지가 부풀어오른 두꺼운 부분에서 본 신체의 폭과 어깨폭을 같은 정도로 하면 더욱 여성스럽고 괜찮아 보입니다.

발
발의 단면은 정점이 약간 안쪽으로 쏠려 있는 삼각형을 하고 있고 그 끝에 다섯 개의 발가락이 연결되어 있는 모양입니다. 발가락은 손가락과 비교하여 상당히 짧고 다섯 발가락이 제각각 벌어진 모양으로 표현되는 경우는 없기 때문에, 한 개 한 개를 정성스럽게 그리거나 입체화할 필요는 없겠죠.

얼굴
턱 끝에서 두정부(머리카락을 제외)까지의 딱 중앙에 눈동자(동공)가 오도록 하면 대강 균형이 잡힌 일러스트적인 표현이 됩니다. 또한 눈의 아래 라인이 코끝보다 아래에 오는 일은 없습니다. 코끝은 머리뼈 중심선 위에 있습니다.

가슴
유방의 크기는 원칙적으로 좌우대칭으로 표현합니다. 또한 거의 지방이기 때문에 복장에 따라서는 구속되어 수축되는 부분도 있습니다. 젖꼭지의 위치는 약간 바깥쪽이면서 약간 위쪽으로 가는 것이 이차원적인 데포르메 방법입니다만, 착의한 경우에는 고려할 필요가 없습니다.

팔
팔이 붙어있는 뿌리부터 상박(어깨부터 팔꿈치까지의 부분)에 걸쳐서 두께는 변함이 없고, 하박(팔꿈치부터 아래 부분)은 다소 두꺼워지고 손목에서 가장 가늘어집니다. 기본적으로 원통형과 원통형이 이어집니다만, 팔꿈치와 손목의 관절부분은 골격의 상황상 다소 평평해 집니다.

배
늑골부터 아래의 배 부분은 복근이 좌우로 이등분되어 있기 때문에 가는 선이 중심을 지나며 그 아랫부분에 배꼽이 위치합니다. 실제로 선을 긋지 않더라도, 그것을 의식하는 것으로 동체의 방향이나 각도를 잡기 쉬워집니다. 배꼽의 위치는 신체 전체의 중심보다 위에 둡니다.

고간
만화적인 데포르메 표현에서는 고간을 신체의 거의 중심으로 삼아 두정부에서 고간까지와 다리를 같은 길이로 하는 경우가 많습니다. 또한 고관절의 구조상, 양쪽 다리가 붙어있는 뿌리가 완전히 붙는 경우는 없습니다만, 이 거리를 너무 벌리게 되면 부자연스럽게 눈에 띄게 됩니다.

무릎
무릎 관절은 다리가 붙어있는 곳부터 뒤꿈치 아래까지에서 거의 정중앙에 위치하고 있습니다. 무릎의 전면에는 무릎관절을 지키는 「무릎뼈」가 있어 골격적으로는 조금 튀어나와 있기 때문에 표현상으로도 빼놓을 수 없는 부분입니다.

FRONT

How to Make Figure 　　자료를 활용하자 　　PART 3

본서의 PART4 이후에서는 모델이 되는 일러스트를 기본으로 삼아 실제로 피규어를 만드는 과정을 설명해 보도록 하겠습니다. 그 전에, 그 모델 일러스트를 예로 들어 인체의 구조를 설명해 보겠습니다. 물론, 일러스트화 한 인체는 상당히 데포르메 되어 있기 때문에 여기서는 그러한 간단한 데포르메 방법을 포함하여 소개하겠습니다.

후두부
골격의 형태는 만화적인 표현에서는 약간 앞뒤가 긴 타원형이라고 볼 수 있습니다. 그에 따라 후두부는 목보다도 뒤로 튀어나오는 모양이 됩니다. 목과의 경계면이 머리카락이 나는 경계면으로 되어 있는데 그곳이 흔히 말하는 「목덜미」입니다.

어깨
어깨의 라인은 뒤쪽을 향해 완만한 내리막 길이 되어 있습니다만, 어깨 바깥쪽 위에 있는 삼각근을 강조하게 되면 좀더 단련된 신체로 보이게 됩니다. 어깨 폭은 여성의 경우 허벅지 부분의 가로 폭과 같을 정도로 표현해주는 경우가 많습니다.

팔꿈치
무릎과 마찬가지로 관절부분이 튀어나와 있기 때문에 데포르메 하였을 때도 다소 볼록해 보이도록 묘사합니다. 단, 무릎뼈처럼 보호하는 뼈는 없기 때문에 너무 노골적인 표현을 하지는 않습니다. 팔꿈치 위치는 팔이 붙어있는 위치부터 손목까지의 중간이라고 생각하면 좋겠습니다.

손가락
손가락의 길이는 엄지손가락이 가장 짧고 그 다음 새끼손가락, 그 외의 손가락은 그다지 차이를 두지 않는다고 생각하면 됩니다. 손가락은 굉장히 복잡한 골격구조를 이루고 있기 때문에 데포르메 표현도 상당히 어려운 부분입니다만, 반대로 손가락의 움직임 하나만으로 느낌이 변하는 굉장히 섬세한 부분이기도 합니다.

발바닥
발바닥은 바깥쪽으로 휘어진 활 같은 아치형으로 묘사됩니다. 입체물의 경우, 양 발바닥의 안쪽의 파인 부분은 확실히 움푹 들어갑니다. 평발(안쪽의 파인 부분이 없는 상태)은 표현상의 강약이 부족해지기 때문입니다.

아킬레스건
발의 뒤쪽, 복숭아뼈의 아래에 있는 아킬레스건은 문자 그대로 한 개의 튼튼한 힘줄로 이루어져 있습니다. 입체물의 경우, 복숭아뼈를 약간 볼록하게 만드는 동시에 이 아킬레스건의 양쪽을 약간 깎아 오목하게 만드는 것으로 발 부분의 리얼함을 증가시키게 됩니다.

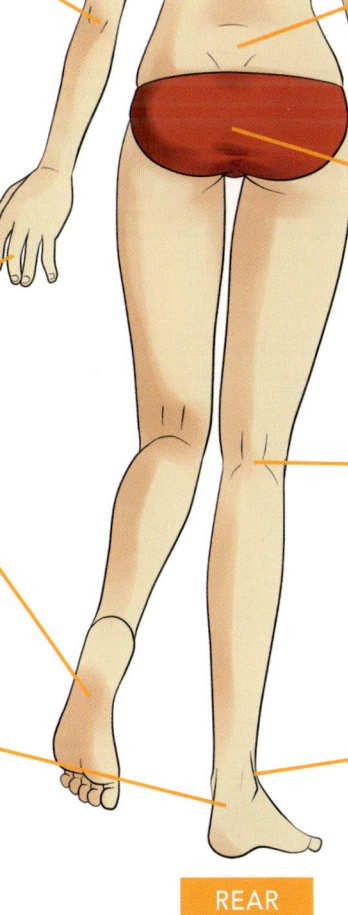

REAR

견갑골
복잡한 골격구조・근육구조에 팔을 동체와 잇고 있는 어깨입니다만, 그 토대가 되는 것이 견갑골입니다. 구조상 상당히 튀어나와 있기 때문에 만화적인 표현에서 등을 그릴 때에도 이 견갑골은 그려 넣는 경우가 많이 있습니다.

등뼈
인체를 지탱하는 골격 중에 문자 그대로 지주에 해당하는 것이 등뼈입니다. 추골이라고 불리는 뼈가 겹쳐져 만들어져 있어 옆에서 보면 목부터 아래로 완만한 S자 커브를 그리고 있습니다. 뒤에서 보면 견갑골 중간을 관통하듯 세로로 똑바른 직선을 그립니다.

허리
여성스러운 동체를 그릴 경우, 허리 부분의 곡선이 큰 포인트가 됩니다. 흔히 말하는 허리의 「잘록함」입니다. 여성은 골반이 크고, 조골과 일반의 중중앙을 정점으로 「〈자」곡선이 만들어집니다. 잘록함은 어느 정도 큰 맘먹고 만드는 편이, 더욱 여성스러움이 잘 드러납니다.

엉덩이
엉덩이는 피하지방의 영향을 받기 쉬운 부분이기 때문에 두 개의 산 아래에 확연한 선이 들어갑니다. 약간 안쪽으로 기운 산이 되며, 정점을 아래로 향하게 함으로써 아름다운 엉덩이로 보이게 됩니다.

무릎 뒤
무릎관절의 뒤쪽도 다른 관절부분과 마찬가지로 복잡한 구조로 되어 있습니다. 2개의 근육이 허벅지에서 튀어나오며 이어져 있기 때문에 이 두 개를 그리는 것으로 무릎 뒤를 데포르메적으로 표현할 수 있습니다. 입체물의 경우, 이 두 개의 근육 사이를 오목하게 만드는 것으로 리얼한 맛을 살릴 수 있습니다.

복숭아뼈
발꿈치 윗부분에 양쪽으로 튀어나온 골격이 있어, 이 부분을 복숭아뼈라고 합니다. 구조적으로 반드시 튀어나오는 부분이기 때문에 이것을 표현할 것인가 하지 않을 것인가로 리얼함이 크게 변합니다. 본래의 복숭아뼈의 골격은 안쪽이 약간 높고 바깥쪽이 약간 낮게 되어 있습니다.

COLUMN

원형사 좌담회·········3

초보자에 대한 어드바이스

좌담회에서 여러 가지 힌트를 주고 있는 세 사람의 현역 원형사. 각자 원형사에게, 초보자에게 들려주고 싶은 어드바이스를 물었다.

키요하라 히데아키(이하 키요하라) : 여러 가지 것들을 보고 여러 가지를 시험해보고 아무튼 손을 움직여서 무언가를 만들어보는 것이 중요하다고 생각합니다. 그렇게 되면 여러 가지 것들이 보이게 되기 때문에. 실제로 만들어 보지 않으면 잘못된 부분도 잘된 부분도 알 수가 없으니까요. 사용하는 도구에서도 실제로 사용해 봐야 좋은 점 나쁜 점을 알 수 있는 거지요.

타카쿠&타케시(이하 타카쿠) : 저도 거의 같은 생각입니다만…….

시라히게 츠쿠루(이하 시라히게) : 아, 치사해(웃음).

타카쿠 : 아뇨아뇨(웃음). 뭐 아무튼, 우선 한 개를 완성시켜 보세요. 「만들어주세요」보다도 「완성시켜 주세요」라는 거죠. 집착해서 만들다 보면 완성이 안 되기 때문에 텐션과 기세만이라도 좋으니까 일단 한 체, 완성시키는 것이 중요하다고 생각합니다. 한번 완성까지 해보지 않으면, 어떤 공정이 있는지 알 수 없다고 생각하니까요.

키요하라 : 그건 그렇네요.

타카쿠 : 형태를 만드는 것까지만 해서 멈추고 마는 경우가 많다고 생각합니다만, 거기부터 표현처리라든지 마지막으로 갖춰야 할 부분이 꽤 힘들지요. 그래도 거기를 제대로 하면, 다음에 만들 때에 「자, 이 정도까지 형태를 만들자」라든가 그런 부분을 알 수 있게 됩니다. 제가 말한 것은 색칠까지 들어간 부분입니다만 「색을 칠할 때 파츠를 분할해 두는 편이 좋다」하는 것도 한번 마지막까지 하지 않으면 알 수 없기 때문에, 부디 마지막까지 완성시켜 주셨으면 합니다.

키요하라 : 완성시키는 것으로 피규어 만들기가 재미있어지는 부분도 있으니까요.

시라히게 : 그렇습니다. 이상대로는 아니더라도 좋으니까, 아무튼 만들어서 완성품을 한 개 한 개, 늘려보는 것이 중요하다고 생각합니다. 저도 초보였을 적에 만들었던 것을 아직도 갖고 있기도 하니까요. 요즘에 자신이 만든 녀석을 옆에 세워놓고 보면 「에~!」 같은 느낌이거든요. 잘 만들어져서(웃음). 그것도 역시 갑자기 할 수 있는 것은 아니고 한 개 한 개 만들어와서 여기까지 왔구나, 하고 생각하고 있기에, 역시 일단은 완성하는 것, 그것을 반복하는 것이 중요하다고 생각합니다.

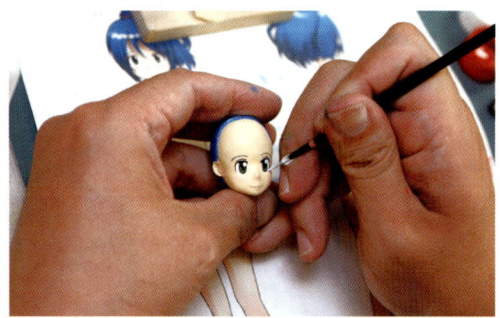

타카쿠가 원형을 담당한 「카미키타 코마리」(「리틀 버스터즈」). 소녀적인 귀여움을 극한까지 추구한 조형이 빛난다. 올려다보는 시선도 계산하여 만든 걸작.

타카쿠 & 타케시
Takaku & Takeshi

치바현 출생, A형, 만화나 애니메이션에 등장하는 캐릭터가 좋아서 피규어를 만들기 시작했다. 2005년, 고토부키야의 모집광고에 응모하여 입사, 이후 「소녀왕국 표류기」 DVD부속 피규어, 「스즈」(수영복 버전 「소녀왕국 표류기」)「가츠라 히나기쿠」(수영복 버전「하야테처럼」) 등의 원형을 담당.

※ 시라히게 츠쿠루의 프로필은 P12, 키요하라 히데아키의 프로필은 P18에 게재.

© 2007 VisualArt's/Key

PART 4
인체를 만들어보자

PART 4 ▶인체를 만들어 보자
우선은 재료를 준비한다

여기부터 실제로 피규어 제작법을 소개하겠습니다. 피규어를 만들기 위해서 여러 가지 소재가 있다는 것을 소개했습니다만, 이번에는 처음인 분들이라도 취급이 쉬운 석분점토를 이용한 제작방법을 소개하도록 하겠습니다. 우선은 재료인 석분점토와 철사를 준비합시다. 공예점이나 모형점 같은 곳에서 판매하고 있기 때문에 한꺼번에 구입하면 좋습니다.

석분점토 (환도)
석분점토는, 분말형태의 돌을 포함한 점토입니다. 공기 중에 닿게 되면 건조되어 경화, 경화 후에는 잘 깎이고, 세세한 부분을 고치는 것도 쉬워집니다. 일반적으로 익숙한 점토형태의 소재이기 때문에 본서에서는 이 소재를 사용하겠습니다.

철사
본서에서는 피규어의 골격을 만들기 위해 사용합니다. 황동선이나 유니크롬 선, 스테인레스 선 같이 여러 가지 재질이 있습니다만, 피규어 제작에는 가공이 간편한 알루미늄 선을 사용합니다. 동체 부분의 골격은 지름1.5mm, 손가락용은 지름1.0mm 철사를 사용합니다.

커터 매트
책상을 보호하는 고무로 된 매트입니다. 피규어 제작에는 절단 등 날붙이를 많이 사용합니다. 커터 같은 것으로 책상을 상처 입히지 않기 위해 커터 매트를 사용합니다. 표면에 모눈이 붙어 있어 길이를 재면서 작업할 수 있는 편리한 것도 있습니다.

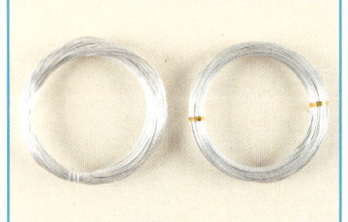
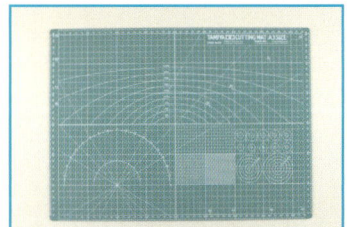

PART 4 ▶인체를 만들어 보자
몸이 만들어 질 때까지

피규어 몸의 제작과정은 크게 아래와 같은 항목으로 분류할 수 있습니다. 본서에서는 흐름에 따라 알기 쉽도록 단계별로 설명하고 있습니다. 이 흐름을 따라 제작을 진행하는 것이 좋을 것입니다.

골격을 만든다

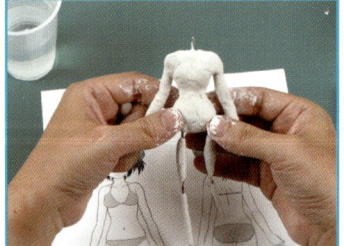
살을 붙인다

깎아내기

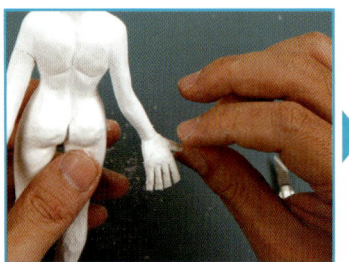
손가락을 만든다

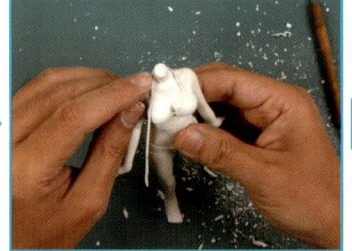
수영복을 만든다

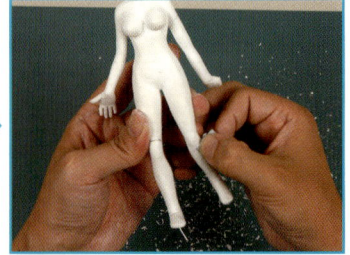
완성

철사 (알루미늄 선) 로 골격을 만든다

PART 4 ▶인체를 만들어 보자

인체의 구조에 대해서는 22페이지에서 해설했습니다만, 피규어에 있어서도 골격은 굉장히 중요합니다. 우선은 골격이 되는 "심"을 만듭니다. 갑자기 사람을 만들려고 해도 잘 되지 않는 데다가 심이 되는 부분이 없으면 포즈를 조정하기가 어렵기 때문입니다.

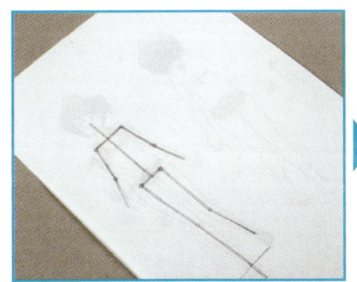

우선 제작용으로 준비한 1:1 사이즈의 큰 일러스트를 기초로, 골격의 설계도를 준비합니다. 관절의 위치는 중요한 요소이기 때문에 관절의 위치도 그려 넣어줍니다. 손목까지, 발목까지, 얼굴 정 중앙까지의 길이를 확보해 둡시다.

설계도에 맞춰 철사로 피규어의 심이 될 「골격」을 만듭니다. 어깨와 양팔, 등뼈, 허리와 양다리 세가지 파츠로 나누어 철사를 잘라냅니다. 실제의 골격을 형태로 만드는 데 필요한 것보다 두 배 이상의 길이를 잘라냅니다.

철사를 잘라냈다면 딱 정중앙부터 구부린 뒤 꼬아 더 잘 맞춰줍니다. 힘이 드는 작업이기 때문에 철사를 꼬을 때에는 펜치로 확실히 고정하고 철사가 미끄러지지 않도록 신경을 씁시다. 또한 철사의 잘린 면은 뾰족해서 위험하기 때문에 취급에 충분히 주의를 기울입시다.

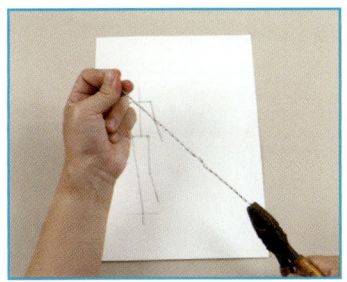

강도가 있는 심으로 만들기 위해 철사는 마지막까지 확실히 꼬아줍니다. 될 수 있는 한 틈이 없도록 꼬아주는 것이 좋습니다. 철사를 붙잡고 있는 펜치를 고정시키고 꼬아가면 깨끗하게 꼬입니다. 마찬가지로 팔, 등뼈의 심도 만들어 줍시다.

원이 되어 있는 부분은, 꼬인 부분과 마찬가지로 두꺼워지도록, 펜치로 끼워서 구부러트립니다. 철사는 구부러진 부분이 굉장히 단단하기 때문에 맨손이 아니라 반드시 펜치를 사용합시다.

반정도 구부러진 부분을 깨끗하게 다 구부린 상태입니다. 손목이나 발목이 될 부분이기 때문에, 정밀하게 구부려주지 않으면 다음 공정에서 작업하기 어려워집니다. 철사는 펜치로 다소 상처가 나더라도 완성 후에는 보이지 않을 부분이기 때문에 힘을 줘도 문제 없습니다.

골격의 설계도에 맞춰서 철사의 길이를 조절합니다. 베이스를 통해 고정시키기 위해서 다리의 심이 될 철사는 길게 잘라줍니다. 절단에는 금속용 니퍼를 사용합시다.

꼬인 철사를 골격의 설계도대로 잘라줍니다. 끝부분이 가는 라디오펜치를 사용하면 깨끗하게 굽힐 수 있습니다. 어깨에 해당하는 부분, 허리에 해당하는 부분은 될 수 있는 한 직각으로 구부려 줍시다.

직각으로 구부린 부분은 피규어의 어깨, 허리뼈의 위치에 해당하는 부분이 됩니다. 심을 기준으로 삼아 피규어의 형태를 만들어 가기 때문에 심이 뒤틀리면 완성된 피규어도 뒤틀리게 됩니다. 확실히 모양을 정리해 줍시다.

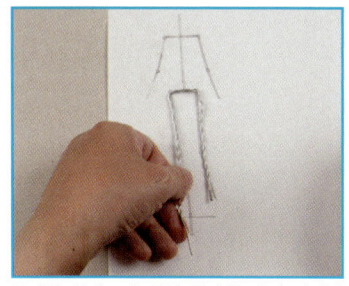

골격의 설계도에 굽힌 철사를 대서 길이나 각도가 올바른지를 확인합니다. 작업도중에 설계도나 일러스트와 비교하여 세밀한 조정을 하는 것으로 피규어의 완성도도 올라갑니다. 작업단계별로 확인하는 습관을 가집시다.

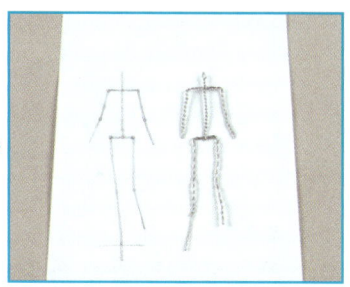

여기까지 설명한 허리와 다리 부분의 심을 만드는 법과 마찬가지로 목부터 허리까지의 등뼈부분, 양팔과 어깨부분의 심도 만듭니다. 골격의 설계도와 비교하며 길이나 각도 등을 확실히 잡아주는 것이 중요합니다.

철사를 꼬아 만든 세 개의 심을 골격의 설계도 위에서 맞춰보고 순간접착제로 확실히 접착시킵니다. 순간접착제 경화촉진스프레이 같은 것을 이용하면 시간단축을 할 수 있습니다. 순간접착제는 손이나 의복에 묻으면 위험하기 때문에 취급에 주의합시다.

골격의 틀이 되는 철사로 된 심에 팔뚝이나 무릎 등, 관절에 해당하는 부분을 마킹 합니다. 우선 골격의 설계도에 관절부분 위치를 그려 넣습니다. 둥근 표시로 알기 쉽게 그려 넣습니다.

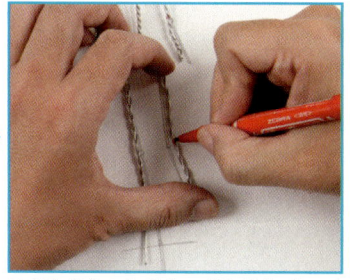

골격의 설계도에 철사로 만든 심을 대고 관절부분과 같은 장소에 관절위치를 그려 넣습니다. 작업 중에 지워지지 않도록, 또한 작업 중에 알기 쉽도록 유성으로 된 빨간 매직으로 확실히 그려 넣습니다.

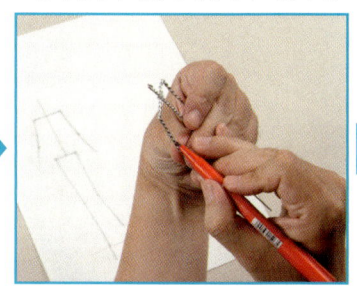

양팔꿈치와 양 무릎은 특히 확실히 마킹 합니다. 이 과정을 게을리하면 다리나 팔의 좌우길이가 달라지고 마는 등, 치명적인 실수로 이어지기 때문에, 주의 합시다.

이걸로 피규어의 심이 되는 골격은 완성되었습니다. 피규어 제작에 있어 기본이 되는, 굉장히 중요한 작업으로, 오븐에서 가열하여 경화된 스컬피 등, 다른 소재를 사용할 때에도 응용할 수 있습니다.

허리와 양다리의 골격을 만들 때에 약간 길게 만든 철사의 잉여 부분은 베이스 고정용 축으로서 사용합니다. 제작 시에 피규어를 베이스에 고정시켜두면 작업이 쉬워지는 경우가 많기 때문에 반드시 만들어 줍시다.

POINT 프로 원형사는 공구도 직접 만든다

피규어를 제작하기 위해 준비해야 할 공구가 스파출러입니다. 스파출러라는 것은 다시 말해 주걱을 말합니다만, 원형용으로는 둥근 모양의 바늘, 귀이개 모양 스푼, 조각도 모양의 납작칼과 여러 가지 종류가 있습니다. 석분점토 같이 덧붙여서 모양을 내는 점토류 재료를 사용할 경우는 필수 공구라고 할 수 있겠습니다. 모형점에서는 사용빈도가 높은 끝부분 형상의 스파출러가 세팅되어 있는 것도 취급하고 있습니다. 본격적으로 피규어를 제작하고 싶다면 제대로 된 물건을 갖추고 싶을 것입니다. 그럼 스파출러는 구입하는 것이 가장 빠르고 확실한가, 프로 원형사 쯤 되면 자신이 사용하는 끝부분을 찾기 어려울 때에 공구를 직접 만들기도 합니다. 만드는 법은 간단, 나무젓가락 끝을 깎아서 손잡이에 겸테이프를 감아주기만 하면 됩니다. 자신이 쓰기 쉬운 끝부분 형태를 내는데다가 굉장히 경제적이므로, 프로 원형사는 이런 연구도 하고 있습니다.

PART 4 ▶ 인체를 만들어 보자

철사 골격에 살을 붙이기

앞 공정에서 제작한 철사 골격을 준비해서 석분점토를 붙여줍니다. 석분점토는 처음부터 두껍게 붙이면 속이 건조되지 않고 벗겨져 버리는 경우도 있기 때문에 얇게 여러 차례로 나눠 건조시키면서 붙여줍니다. 또한 석분점토는 여러 종 발매되어 있습니다만, 같은 회사의 것이라고 해도 종류에 따라 잘 붙지 않는 경우도 있어서 될 수 있는 한 같은 것을 사용합시다.

석분점토는 건조시키면 경화되기 때문에 소량씩 떼어 사용합시다. 봉투를 엶과 동시에 점점 경화되기 때문에 미사용한 분량은 밀폐용기 같은 곳에 보관합시다. 참고로 여기서부터 다음 공정에서는, 각 공정마다 건조 시간을 두고 있습니다.

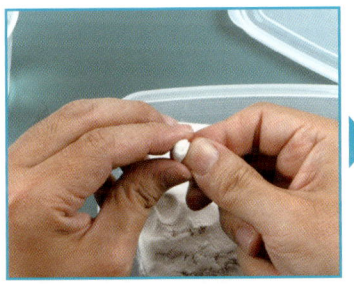

손가락에 물을 묻혀 잘 반죽합니다. 물을 묻히지 않으면 손가락에 붙어 버리기 때문에 주의합시다. 수분이 너무 많으면 건조가 잘 되지 않게 되고 경화 후의 강도에도 영향이 생기기 때문에 너무 많은 것도 좋지 않습니다. 경도는 대강 귓볼 정도로 합니다.

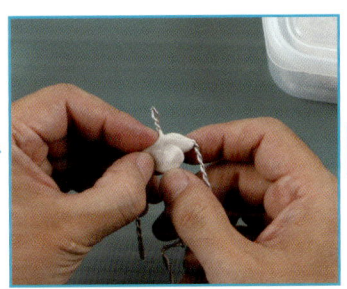

몸의 주요한 부분에 소량의 점토를 펼쳐 골격을 감싸듯이 살을 붙여나갑니다. 석분점토는 커다란 덩어리가 되면 건조할 때까지 오래 걸리게 됩니다. 점토가 너무 두꺼워지지 않도록 조금씩 붙이고, 건조시키면서 만들어 봅시다.

골격에 그려 둔 마킹이 노출되도록 가슴, 상박, 하박, 허리, 허벅지, 정강이와 몸의 기준이 되는 블록을 붙여주면 일단 완성입니다. 석분점토가 건조되는 것을 기다립니다. 건조에는 최소한 하루종일 24시간을 두는 것이 이상적입니다.

POINT 석분점토는 밀폐용기에 넣어 보관하자!

석분점토는 외부 공기에 닿으면 수분이 증발하며 경화됩니다. 봉투에서 꺼내두면 점점 딱딱해져 쓸 수 없게 되어버리기 때문에 밀폐할 수 있는 용기에 보관합시다. 추천하는 방법은 부엌용품으로 친숙한 플라스틱제 밀폐용기. 여러 가지 크기가 있으며 간단하게 완전밀폐할 수 있기 때문에 굉장히 편리합니다. 랩으로 싸서 용기에 넣어두면 더욱 효과적입니다.

PART 4 ▶ 인체를 만들어 보자
고정용 베이스를 만들자

직립한 피규어는 설령 스스로 설 수 있다고 해도 약간의 충격에도 곧바로 넘어지고 맙니다. 그래서, 제작 중에 파손되지 않도록 고정용 베이스를 제작해 둡시다. 또한, 베이스는 제작 시에 지지대 역할도 합니다. 더러워지기 때문에 집착할 필요는 없습니다만, 넘어지는 것을 방지하기 위해서는 어느 정도 면적이 필요합니다. 완성 후에 사용하는 디스플레이 베이스는 별도로 준비합시다.

피규어를 고정시켜 작업하기 위한 베이스를 만듭니다. 작업 중에 더러워지기 때문에 확실히 피규어를 세워둘 수 있는 정도면 충분하므로 반드시 목재로 만들 필요는 없습니다.

골격을 제작할 때 만든 베이스에 고정용 철사의 두께에 맞춰 핀바이스로 베이스에 구멍을 뚫어줍니다. 뒤쪽까지 구멍이 통하게 합시다. 핀바이스는 철물점이나 모형점 같은 곳에서 드릴의 날과 세트로 되어 있는 것을 구입합시다.

구멍이 뚫리면 피규어를 꽂아넣어 세워줍니다. 피규어를 세우는 것 외에 도장 시에 지지대로도 유용합니다. 철사와 핀바이스의 지름이 맞지 않으면 꽂히지 않거나 빠지거나 하기 때문에 주의합시다.

PART 4 ▶ 인체를 만들어 보자
포즈를 검토한다

피규어를 제작하는데 있어 특히 신경을 써야 하는 것 중에 한가지가, 피규어의 포즈입니다. 포즈는 아주 조금 팔이나 다리를 굽히는 것만으로도 전체 라인의 표현이나 분위기에 영향을 줍니다. 우선은 최종적으로 어떠한 포즈로 할 것인지, 구체적인 이미지를 구축합시다. 자신이 같은 포즈를 취해보거나 시판되는 액션 피규어를 참고해보는 것도 좋겠지요.

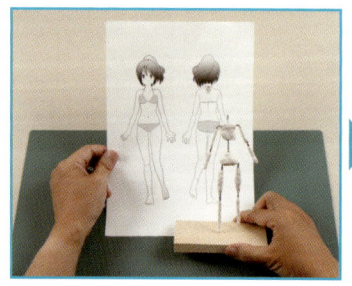
관절부분에 석분점토를 씌운 뒤 굳게 되면 굽힐 수 없게 되어 버리므로, 우선은 대강의 포즈를 잡아봅니다. 포즈는 완성 후의 분위기를 결정하는 중요한 요소입니다. 일러스트를 참고로 완성을 상상하면서 결정해봅시다.

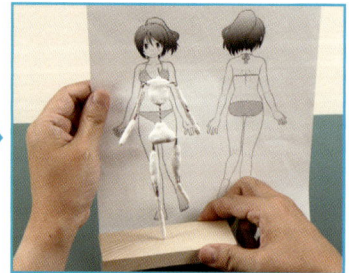
일러스트의 왼쪽다리가 짧게 보이는 것은 약간 뒤로 물러나 있기 때문입니다. 그대로 같은 길이로 만들면 이상해지기 때문에 주의합시다. 실제로 일러스트와 겹쳐서 비교해 보면 알기 쉽기 때문에 찬찬히 보면서 비교하고 검토해봅시다.

피규어는 일러스트와 달리 입체이기 때문에 여러 가지 각도에서 보는 것이 필요합니다. 한 방향에서 보고 포즈가 이상하지 않은 경우에도 실제로는 여러 가지 각도에서 보았을 때 이상한 부분을 알 수 있는 경우도 있습니다.

How to Make Figure | 인체를 만들어보자 | PART 4

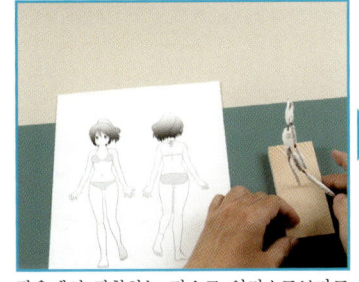
좌우에서 관찰하는 것으로 일러스트보다도 왼발을 뒤로 끌고 있다는 것을 알게 되었습니다. 이렇게 확인하면서 조금씩 세밀하게 조정해서 자기가 생각하는 이상적인 포즈에 가깝게 만들어 갑니다.

크게 포즈를 바꾸는 것이 가능한 것은 관절부분의 골격이 노출되어 있는 이 공정까지입니다. 포즈를 바꾸고 싶을 경우는 이 단계에서 결정을 해야 합니다. 그러나, 일러스트와 비교하면서 작업하는 일은 굉장히 중요한 과정이기 때문에 그다지 추천하고 싶지 않습니다.

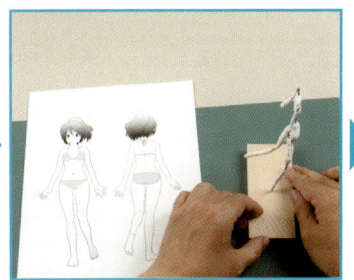
팔이나 다리관절의 굽혀진 정도뿐만 아니라 축이 되는 다리나 체중이 실린 방향, 그것에 따른 몸의 기울기 정도 같은 것도 검토합니다.

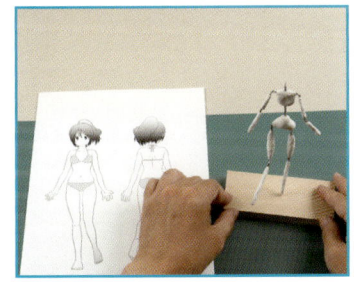
포즈가 결정되었습니다. 뒤로 약간 물러난 왼발, 각도를 준 오른팔 상태를 알 수 있지요? 몸 전체를 만들어 나가면서 겉모습은 변해가기 때문에 작업할 때마다 포즈를 조절해줄 필요가 있습니다. 항상 일러스트와 비교하는 것을 잊지 않도록.

POINT 적당한 경도는 "귓볼"의 경도

↑물을 잘 바르는 것은 제작에 있어서의 기본. 경도의 척도는 "귓볼"과 같은 굳기입니다. 물을 너무 바르면 퍼지거나 건조시간이 너무 많이 걸리기도 합니다.

↑물을 너무 바르면 손가락에 달라붙고 말아 굉장히 작업하기 어려워집니다. 너무 많지도 너무 적지도 않은 상태를 아는 균형감각이 필요합니다. 여기에는 확실히 익숙해질 필요가 있습니다.

석분점토는 잘 늘어나는 특징이 있습니다만, 그대로는 딱딱하고(탄력이 없고), 점성이 있는 소재이기에 물을 묻혀 잘 반죽하는 것이 필수입니다. 재료를 잘 사용할 수 있느냐 없느냐는, 앞으로의 공정이나 완성 후에도 굉장히 중요한 팩터입니다.

PART 4 ▶인체를 만들어 보자
몸에 본격적으로 살을 붙인다

포즈가 결정되고 나서는 드디어 본격적으로 몸을 제작합니다. 기본적으로 건조된 석분점토 위에 새로 붙이게 됨으로써 인체를 제작하는 것입니다만, 건조한 석분점토에 그대로 덧붙여도 잘 붙지 않고 벗겨지고 맙니다. 덧붙이는 부분에 충분히 물을 묻혀 확실히 달라붙도록 합시다. 석분점토의 제작과정에 있어 기본이 됩니다.

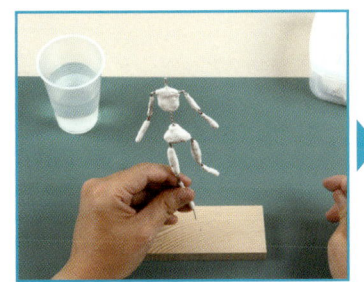
기초가 되는 부분에 붙인 석분점토가 확실히 건조되면 드디어 몸을 만들게 됩니다. 석분점토와 물을 준비합시다.

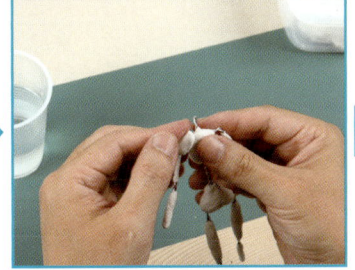
우선은 그대로 다 벗겨진 관절부분에 석분점토를 붙여가며 인체의 형상에 가깝도록 만들어 갑니다. 골격에 살을 붙일 때와 마찬가지로, 부분마다 소량씩 덧붙여 갑시다.

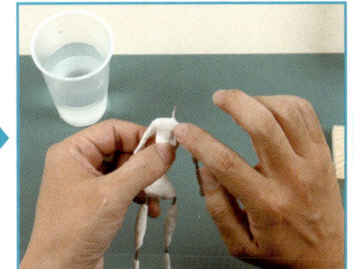
건조된 부분에 그대로 석분점토를 붙여도 잘 붙지 않기 때문에(붙이기 어렵기 때문에) 접촉하는 면에는 소량의 물을 뿌려 습기를 머금게 합니다.

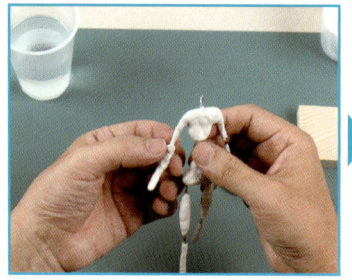

팔꿈치 관절에 석분점토를 붙여줍니다. 골격에 살을 붙일 때도 설명했듯이 한번 얇게 펼친 것을 감싸듯이 붙여나갑니다. 접촉하는 면을 물로 발라 잘 융합시키는 것도 잊지 않도록 합니다.

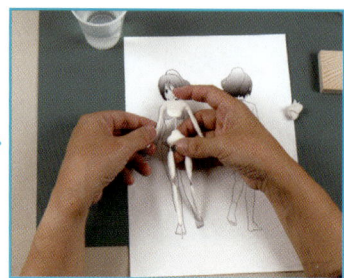

석분점토가 건조되기 전이라면 포즈의 세밀한 조정이 가능합니다. 여기서도 일러스트와 비교해서 전체의 포즈를 확인해 갑시다.

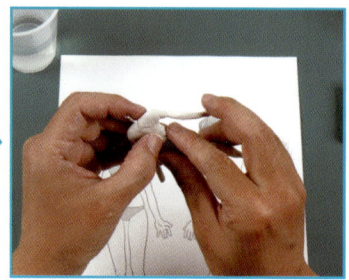

팔 관절부분의 다음은 가슴에서 배로 이어지는 골격에 살을 붙여가며 최종적으로 동체의 아웃라인을 만들어 갑니다.

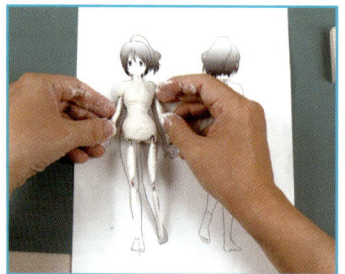

동체의 살붙이기에서는 가슴에서 웨이스트의 아웃라인을 대강 드러냅니다. 잘 건조시켜둔 다음 깎아서 모양을 정리할 것이기 때문에 조금 두껍다고 생각될 정도로 석분점토를 붙여주어도 상관없습니다.

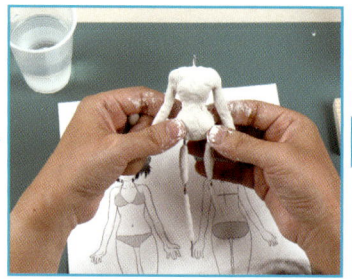

이 공정에서 대강의 프로포션을 결정합니다. 상박, 하박, 가슴, 허리 등에는 많은 점토를 덧붙여서 좀 오버해서 올록볼록하게 굴곡을 주는 편이 알기 쉬워집니다.

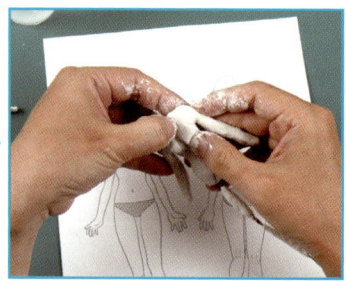

바스트 부분은 계속해서 작업하면 석분점토 층이 너무 두꺼워지기 때문에 동체를 건조시킨 다음에 붙여줍니다. 접착면을 물로 잘 융합시켜주는 것도 잊지 맙시다.

여기서 바스트의 대강의 형태가 만들어졌습니다. 볼륨은 취향에 따라 붙여나갑시다.

팔과 마찬가지로 다리에도 무릎관절부분, 고관절 부분에 살을 붙여나갑니다. 동시에 발끝 부분도 뾰족하게 만듭니다.

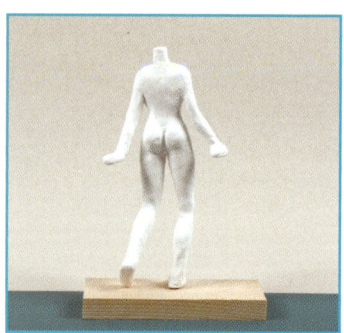

바스트와 마찬가지로 엉덩이의 아웃라인도 이 공정에서 만들어 둡시다. 다소 크게 붙이더라도 일단 계곡이 생기도록 해 둡니다.

손목을 뒤집는 것도(손바닥 부분까지) 여기서 해둡니다. 일단 이걸로 대강의 프로포션을 만드는 공정은 완료됩니다. 소량씩 살을 붙여 프로포션을 조절하여 갑시다.

PART 4 ▶ 인체를 만들어 보자

나이프로 인체를 깎아가자

앞 공정에서 대강의 라인이 만들어졌다면 충분히 건조시켜 세부를 디자인 나이프로 깎아내 갑시다. 디자인 나이프는 모형점에서도 구입할 수 있습니다. 석분점토는 잘 깎여서 나이프로 간단히 깎아낼 수 있습니다. 잘 깎이는 반면, 힘을 많이 주면 너무 깎여나가고 다칠 수도 있으니 충분히 주의 합시다. 너무 깎아낸 경우에는 그 부분에 소량의 석분점토를 덧붙여서 똑같이 만들어 나갑시다.

석분점토는 부드럽고 충분히 건조시키면 디자인 나이프 같은 것으로도 간단히 깎아낼 수 있습니다. 지금까지의 공정으로 만들어진 몸을 우선 잘 건조시킵니다. 최소한 하루 종일 건조시간을 두면 좋을 것입니다.

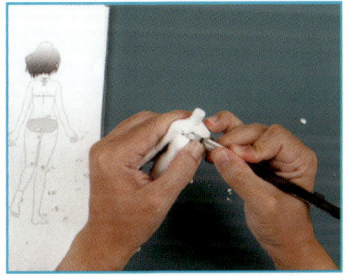
우선은 상반신부터 디자인 나이프로 깎아 나갑니다. 거칠게 붙여놓은 표면은 울퉁불퉁하기 때문에 완만하게 되도록 정리해줍니다. 너무 깎아낸 경우는 그 부분에 석분점토를 소량 붙여 복원합시다.

디자인 나이프 같은 것으로 깎아내면서 프로포션의 본격적인 라인을 정리합니다. 일러스트 외에 사진자료 등을 참고로 해서 이상적인 프로포션에 가깝도록 만듭니다.

팔을 깎아냅니다. 상박부터 팔꿈치, 하박에서 손목에 이르기까지의 아웃라인 같은 것은 자신의 팔 등을 참고로 하면서 아웃라인을 만들어 냅시다. 좌우의 두께가 달라져 버리면 이상하기 때문에 너무 깎지 않도록 주의합시다.

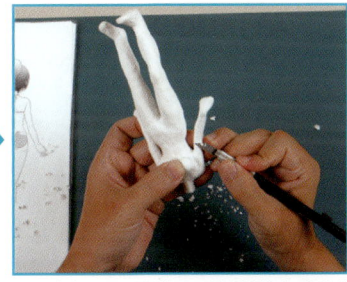
오른팔은 조금 굽힌 포즈를 취했기 때문에 팔꿈치에서도 그 모습이 드러나 있습니다. 팔꿈치 관절 안쪽의 오목함과 그 양쪽의 근육을 의식하며 아웃라인을 깎아내 갑시다.

팔꿈치를 굽힌 경우, 팔꿈치 안쪽이 움푹 들어가는 것과 반대로 팔꿈치 바깥쪽은 뼈가 튀어나오는 형태가 됩니다. 그 튀어나온 뼈의 아웃라인도 재현해 둡시다. 또한 근육을 붙이는 방법을 의식해서 상박, 하박의 아웃라인을 드러내 줍시다.

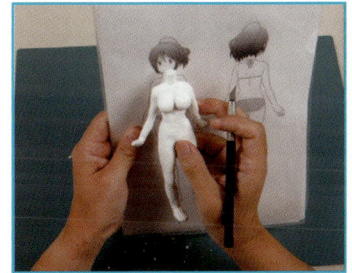
깎아내기 공정은 피규어 전체의 프로포션을 만드는 작업이기 때문에 일러스트와의 비교 조절은 신중하게 해야 합니다. 조금 깎아내고 일러스트와 비교하여 이상적인 라인에 가까워졌는지 체크합시다. (사진자료도 참고로)

바스트 라인잡기는, 톱 부분은 겨드랑이 아래보다 더 아래로 가도록 하면 자연스러운 라인이 만들어 집니다. 이것도 역시 진짜나 사진을 참고로 하는 것이 좋을 것입니다.

쇄골에서 톱으로 이어지는 라인과 동시에 계곡이 되는 부분도 깎아냅니다. 모양이 무너지지 않도록 조금씩 깎아나갑시다. 납득이 가는 라인을 만들 수 있을 때까지 조심스럽게.

아웃라인을 드러내는 과정에서 잊기 쉬운 것이 골격에 의해 튀어나오는 부분입니다. 나중에 석분점토를 덧붙여 재현하는 것은 큰일이므로, 여기서 아웃라인을 만들어 줍시다. 그 대표적인 예가 되는 부분, 쇄골에 대해 보도록 하겠습니다.

쇄골은 목 아래에서 어깨에 걸쳐 좌우 한 개씩 있는 뼈로, 의외로 각이 져 있는 것을 볼 수 있습니다. 우선은 좌우대칭으로, 뚜렷하게 아웃라인을 파냅니다. 디자인 나이프로 일직선으로 파내고 들어간 부분, 튀어나온 부분을 만들어 봅시다.

목 바로 아래에 있는 쇄골 접속부분의 파인 부분을 추가합니다. 여기서도 실물을 참고로 하는 것을 추천합니다. 자신의 쇄골을 만져보면 어떤 모양이 되어 있는지, 이해하기 쉬울 것입니다.

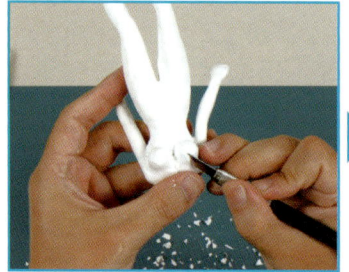

커다란 라인과 볼륨이 정해졌다면, 완만한 라인이 되도록 깎아냅니다. 좌우의 볼륨이 변해버리지 않도록 밸런스에 주의합시다.

중력의 영향을 생각하면 균형은 가슴은 기본적으로 물방울 모양이 됩니다. 이것을 머리에 넣고 만들면 자연스러운 라인이 만들어집니다.

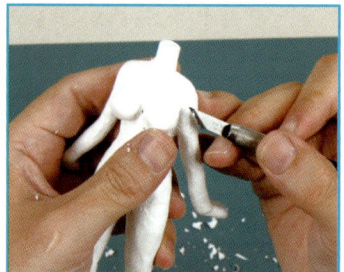

윗면 뿐만 아니라 측면의 라인도 바스트를 아름답게 보이도록 하는 중요한 요소입니다. 아름다운 곡면이 나오도록 신경을 씁시다. 바스트의 바깥쪽 라인은 몸의 라인보다도 약간 튀어나오도록 하는 것이 보통입니다.

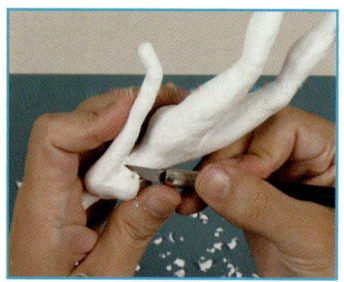

바스트의 아랫부분은 바스트 자체의 무게에 의해 급커브를 그리고 있습니다. 가슴과 경계면을 깊게 파 들어가 줍시다.

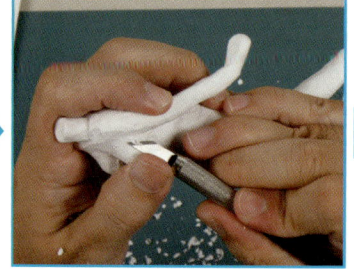

가슴 아래부터 옆으로 이어진 라인이 망가지지 않도록 이어줍니다. 또한 어깨에서 나온 라인은 근육의 흐름을 계산하여 집어넣어 라인을 만들어 줍니다.

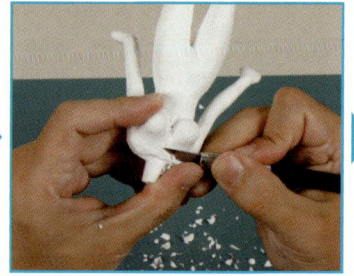

동시에 앞 공정에서 대강 깎아낸 쇄골과 연결되는 라인도 조정합니다. 각이 져있으면 여성스러운 라인이 되지 않기 때문에 완만하고 둥근 맛이 있는 라인이 되도록 주의합시다.

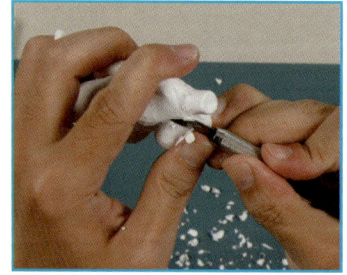

쇄골 라인은 앞 공정에서 깎아낸 목 바로 아래에 있는 오목한 부분과 이어지도록 합시다. 또한 바스트의 계곡에 이어지는 라인도 조절해 갑니다.

등의 옆 라인을 냅니다. 어깨의 바로 밑에는 견갑골이 있습니다. 알아보기 쉬운 부분이기 때문에 우선은 견갑골을 의식하여 라인을 만들어 갑시다.

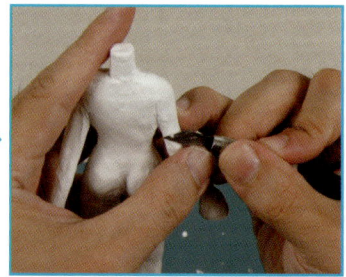

여성은 남성과 비교해 보면 완만하고 둥근 맛이 있는 어깨 라인을 하고 있습니다. '어깨 라인=팔이 붙어있는 뿌리부분의 **뼈**의 라인'을 나오게 하고, 상박의 근육으로 이어지는 라인에도 주의하면서 라인을 만들어 갑시다.

How to Make Figure 인체를 만들어보자 PART 4

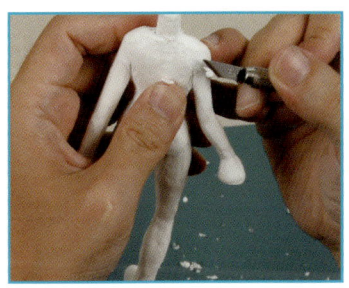

뼈가 만들어내는 몸의 튀어나온 부분을 의식하면서도, 그 위에 붙은 살에 의해 모양이 만들어진 라인을 잊어서는 안됩니다. 전체적으로 둥근 맛이 있는 완만한 라인이 나오도록 신경을 씁시다.

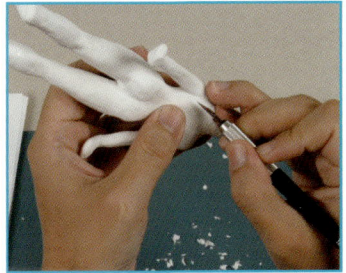

겨드랑이 밑의 근육이 붙은 모습이 다르기 때문에 몸 전면과 뒷면과는 다른 라인이 됩니다. 앞의 공정에서 깎아낸 견갑골에서 이어지는 라인을 의식해서 깎아나갑시다. 자신의 겨드랑이 아래를 뒤에서 만져보면 라인이 어떤지 알기 쉬워집니다.

좌우의 균형이 균등해지도록 주의합니다. 등은 전체적으로 기복이 없는 완만한 라인으로 만들어져 있기 때문에 앞부분 이상으로 균형을 잡는 것이 어려울지도 모릅니다. 여러 가지 방향에서 관찰하면서 신중하게 균형을 잡아 줍시다.

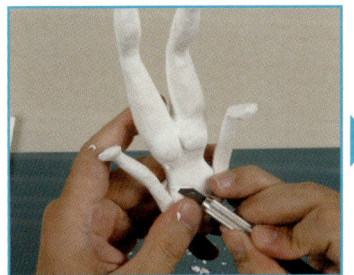

웨이스트도 조금 튀어나와 있는 복부 쪽에 비해 들어가 있는 등쪽의 라인차이에 주의합니다. 웨이스트의 라인은 바스트와의 대칭으로 여성을 아름답게 보이는 하는 중요한 부분입니다. 또한 등쪽은 특히 엉덩이로 이어지는 라인에도 연관되어 있습니다.

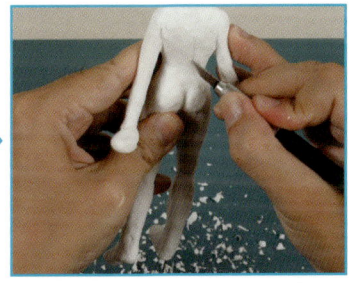

가슴을 편 포즈이기 때문에 등뼈 라인은 움푹 들어가지 않았습니다. 디자인 나이프로 대강의 디테일을 파냅니다. 등은 포즈에 있어 요철이 변하기 때문에 표현 방법도 크게 바뀌는 부분입니다.

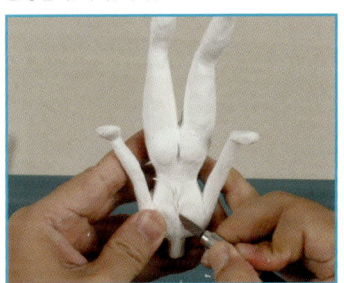

상하를 180도 뒤집어 견갑골에서 이어지는 등 부분 윗부분을 파내 줍니다. 모든 곳에 다 적용되는 말이지만 자신이 작업하기 쉬운 방향으로 드는 것은 깔끔하게 만들기 위한 비법 중 한가지 입니다.

등의 근육은 그대로, 엉덩이 계곡의 라인에 이어집니다. 등쪽의 디테일은 앞으로의 공정에서 세밀하게 처리하기 때문에 알기 쉽도록 다소 깊게 파내어 눈에 띄도록 만듭니다.

등의 근육 디테일에 맞춰 엉덩이 계곡의 라인도 정리해줍니다. 허리 바로 아래쯤에 꼬리뼈가 있기 때문에 이 부분은 라인이 약간 올라갑니다. 이렇게 옆에서 본 등뼈의 라인도 의식합시다.

등뼈의 라인이 만들어졌다면 이번에는 견갑골의 아래쪽 라인을 마찬가지로 파내 줍니다. 자신의 등을 직접 보는 것은 어렵기 때문에 사진 같은 자료를 참고로 합시다. 거울을 보거나, 친구 것을 보거나 하면 좋을지도 모르겠습니다.

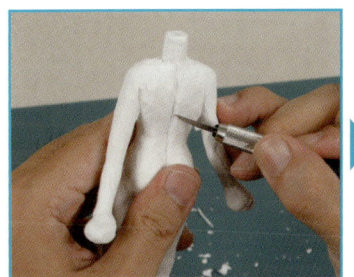

견갑골에서 등뼈로 이어지는 부분은 근육으로 인해 완만한 凸형 모양이 됩니다. 견갑골과 등 근육의 연결된 모양을 의식하면서 라인을 정해갑니다. 겨드랑이 아래서 등을 만져보면 견갑골의 끝을 만질 수 있기 때문에 위치를 잡는 기준이 됩니다.

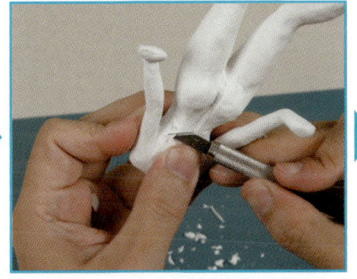

앞 공정에서 파낸 등뼈 근육부터 견갑골의 끝까지 라인을 긋습니다. 다음 공정에서 세세하게 처리되기 때문에 다소의 어긋남은 신경쓰지 말고 좌우의 밸런스에 신경을 써서 기준이 되는 라인을 파냅니다.

견갑골은 등뼈의 디테일과의 밸런스에 주의하면서 파냅니다. 등뼈 쪽을 향해 있는 홈은, 중앙에 가까울수록 깊고 넓어지도록 파내 줍니다.

피규어의 달인 35

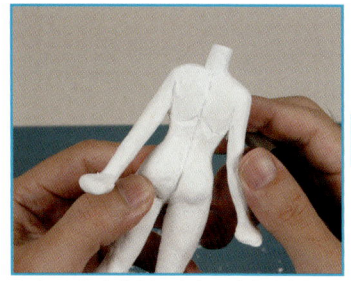
일단 등의 디테일은 이걸로 완성입니다. 이 사진처럼 보고 확실히 알 수 있을 정도로 깊게 파두면 이후의 작업을 하기 쉬워집니다.

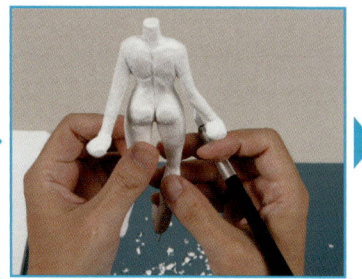
전체적인 라인을 체크합니다. 꽤나 등의 라인이 알기 쉬워졌습니다. 등뼈에서 엉덩이로 이어지는 라인 등이 자연스럽고 완만하게 되어 있다는 것을 알 수 있지요.

이어서 다리를 파주기 시작합니다. 우선은 허벅지 안쪽. 앞 공정과 마찬가지로 크게 울퉁불퉁한 것부터 깎아주는 것으로 시작합니다.

허벅지는 뒤쪽 근육이 더 두껍기 때문에 단면이 뒤쪽으로 향해 튀어나와 있는 달걀모양의 타원이 되도록 의식하며 깎아줍니다.

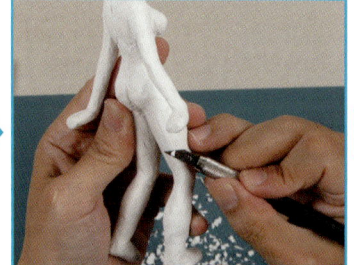
허벅지 안쪽과 마찬가지로, 바깥쪽도 깎아줍니다. 바깥쪽과 안쪽 라인은 다르기 때문에 자신의 다리 같은 것을 참고로 해서 라인을 만들어 나갑시다.

허벅지 라인이 정해지면, 다리가 붙어있는 부분의 라인도 조절합니다.

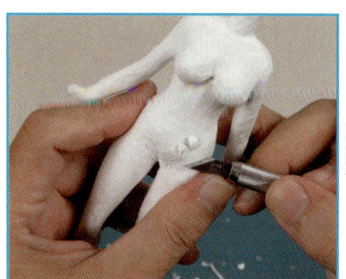
하복부는 내장이 있기 때문에 앞으로 부풀어 있을 것입니다. 배의 볼록한 부분을 의식하면서 고관절로 이어지는 라인을 조절합니다.

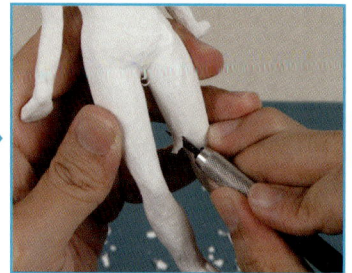
허벅지는 무릎 쪽으로 점점 가늘어지는 형상을 하고 있습니다. 무릎주변의 라인을 만들 때는 대담하게 깎아주는 것이 좋습니다.

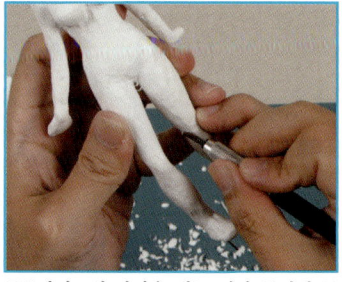
무릎관절로의 라인을 내는 것과 동시에 무릎 앞부분의 볼록함도 의식합시다. 무릎뼈는 크게 튀어나와 있기 때문에 주의가 필요합니다.

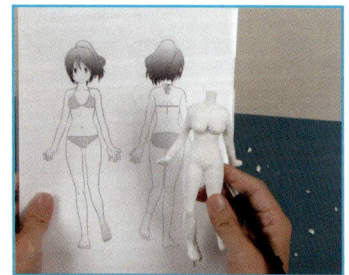
보는 바와 같이 이미지대로의 프로포션에 가까워졌습니다. 일러스트와 비교하면서 세세한 조절을 계속해 나갑시다.

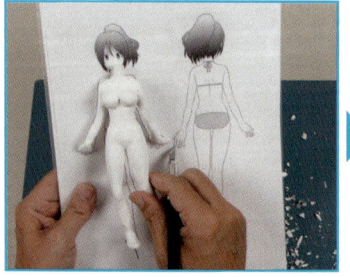
눈으로 비교하는 것만으로는 알기 어려울 수도 있기 때문에 일러스트에 직접 겹쳐보는 것으로 아웃라인에 대한 흐트러짐이나 오차 같은 것이 없는지 확인해 갑시다. 한 눈에 보면 균형이 잡혀있는 것처럼 보여도 흐트러져 있는 부분이 보이기도 합니다.

계속해서 허벅지 라인을 깎아냅니다. 이번에는 위아래를 거꾸로 들고 작업했습니다. 우선은 무릎관절 뒤쪽, 들어간 부분의 양쪽에 있는 근육을 재현. 다리의 안쪽 라인을 깎아냅니다.

| How to Make Figure | 인체를 만들어보자 | PART 4 |

허벅지 안쪽 근육을 의식하면서 좌우의 균형을 잡으면서 조금씩 깎아갑니다. 무릎관절 뒤쪽 오목한 부분의 양 옆 근육부터 허벅지로 이어지는 라인을 정돈합시다.

허벅지에서 무릎 쪽으로 가는 라인은 생각이상으로 잘록합니다. 무릎 뒤의 오목한 부분도 신경쓰면서, 무릎관절 뒤쪽에 크게 파인 라인을 만들고 있습니다. 여기는 대담하게 깎아봅시다.

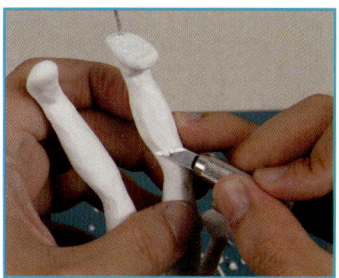

허벅지 라인이 완성되면 정강이 모양을 깎아냅니다. 정강이 앞쪽에는 근육이 거의 붙어있지 않기 때문에 가늘고 튀어나와 있습니다. 골격으로 삼은 철사가 노출되어도 신경쓰지 말고 크게 깎아냅니다.

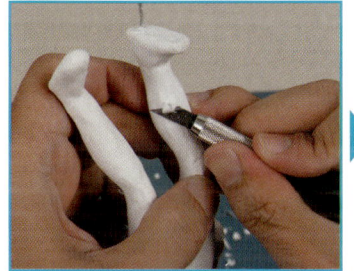

정강이 앞쪽은 피부 아래에 바로 뼈가 있기 때문에 지금까지의 공정에서 처리한 부분에 비해 날카롭고 각진 모양이 되어 있습니다. 뼈의 존재를 의식해서 깎아봅시다.

정강이의 아웃라인을 만듦과 동시에 발목쪽을 향해 좁혀 들어가며 라인을 깎아내 봅시다. 발목은 손목 이상으로 급격하게 가늘어집니다. 알아보기 쉽고 확인하기 쉬운 부분이기도 하기 때문에 자신의 몸을 참고로 하여 만들어 봅시다.

정강이를 깎아내는 공정에서 나온 라인을 망가트리지 않기 위해 발목을 조금씩 깎아냅니다. 발목은 가늘어지기 때문에 강도상으로는 약한 부분이 됩니다. 너무 힘을 세게 주지 않도록 주의해서 작업합시다.

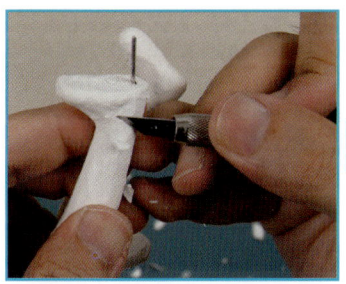

복숭아뼈의 모양을 대강 깎아냅니다. 복숭아뼈는 뼈가 튀어나와 있어 뾰족한 부분이 되는데 다음 공정에서 그런 부분의 표현방법을 설명하도록 하겠습니다. 여기서는 특별히 신경쓰지 말고 아웃라인을 만들어 봅시다.

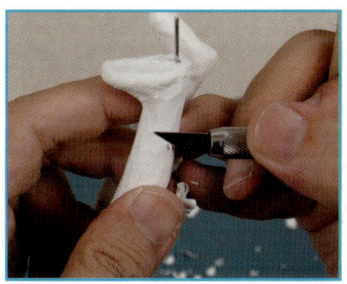

발목의 단면은 '뒤꿈치쪽=뒤쪽'이 뾰족한 모양이 됩니다. 특히 측면은 좌우에서 파고들어가듯 오목해 지기 때문에 잘 재현해 봅시다.

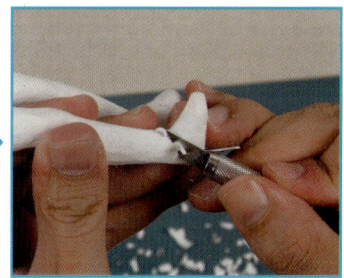

발목의 '정강이쪽=전면'은 뒤꿈치와 비교해서 완만한 커브를 그리고 있습니다. 뒤쪽과의 차이를 자신의 발목을 보면서 확인하고 깎아내 봅시다.

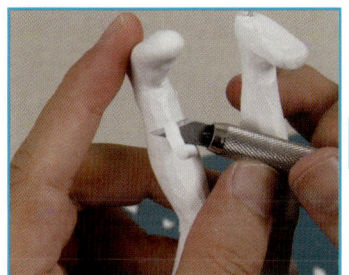

좌우의 균형을 조절하면서 왼발도 똑같이 다듬어 봅시다.

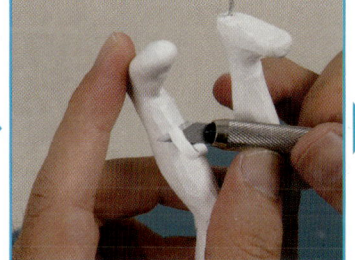

발목의 아웃라인을 만든 시점에서 정강이의 라인과 이어지는 부분에 위화감이 생겼습니다. 이렇듯 일부분을 집중적으로 수정하는 것이 아니라, 여러 차례 전체적으로 수정하는 것이 전체의 균형이 잘 맞도록 하는 기술입니다.

발목의 모양이 완성되면 발등 부분을 깎아냅니다. 기본적으로 평평합니다만, 포즈에 따라서 발목부터 이어지는 라인이 변하는 부분입니다. 스스로 피규어와 같은 포즈를 잡고 라인을 잘 검토하는 것이 이해하기 쉽겠죠.

피규어의 달인 37

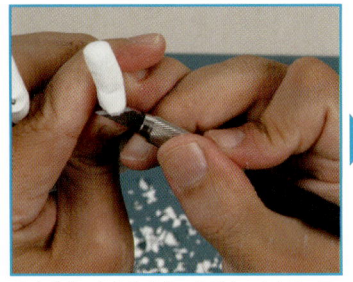

발바닥을 깎아냅니다. 우선은 평평하도록, 디자인 나이프의 가운데를 이용해서 일정하게 깎아 밀 듯 깎아냅니다.

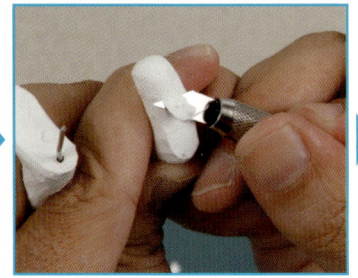

발바닥은 발끝의 두께가 적당해 질 때까지 깎아냅니다. 점토를 대강 붙인 경우 두꺼워져 있을 것이기에, 대담하게 깎아냅시다.

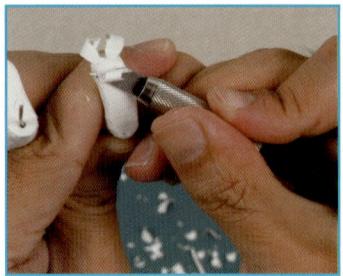

오목한 부분, 발끝 등은 다음 공정(P49~)에서 다시 설명할 것이므로 여기서는 아웃라인이 나오는 것에만 신경쓰면 문제 없습니다.

발끝의 두께가 정해지면 발끝의 아웃라인을 정합니다. 얇게 깎아 들어갈 것이기 때문에 끝부분의 파손에 신경을 쓰면서 깎아냅니다.

발가락은 가장 안쪽에 있는 엄지발가락부터 새끼 발가락으로 점점 짧아집니다. 발 안쪽이 각이 지도록, 기울여서 잘라내는 식으로 모양을 만들어 갑시다.

전신의 아웃라인이 완성에 가까워졌습니다. 다시 전신을 관찰하며 더욱 세세한 부분을 조정해 갑니다. 손목의 형상은 팔을 굽힌 포즈 같은 곳에서는 표현이 변하는 부분이기 때문에 주의가 필요합니다.

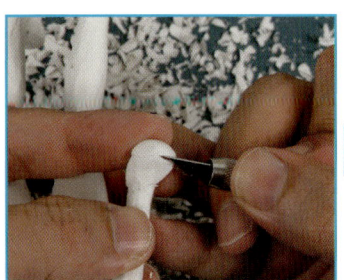

여기서 손등 부분의 아웃라인을 만듭니다. 손바닥의 분위기로 완성품의 인상이 완전히 변하는 부분이기 때문에 포즈와 맞춰 나가면서 조정합시다. 모양을 만든 뒤에 손등을 기준으로 해서 손가락을 붙이게 되는데, 그 공정은 나중에 설명하도록 하겠습니다.

대강 동체의 라인은 깎아냈습니다만, 아직 거칠게 깎인 부분도 많은 상태입니다. 전체를 확인하고 신경이 쓰이는 부분을 조정합시다. 겨드랑이 아래 같은 곳은 대강 깎아낸 그대로입니다. 팔을 내린 상태에서는 깊은 홈이 생기기 때문에 파 들어가 줍시다.

동체 측과 팔쪽에서 제각각 겨드랑이 아래의 접속부분을 향해 V자를 그리듯 디자인 나이프로 파 들어가 줍시다. 이 작업은 너무 많이 하게 되면 균형이 맞지 않게 되기 때문에 조금씩, 형상을 확인하면서 신중하게 합니다.

대강의 모양이 나온 쇄골 부분에 더욱 손을 댑니다. 쇄골에 이어지는 목에서 등으로의 근육의 표현도 동시에 실시합니다. 조금씩 전체작업을 해나가는 것은, 한 부분의 작업만 해나가게 되면 그 부분만 진행이 되어 전체의 균형을 무너트리기 때문입니다.

좌우의 쇄골이 이어져 있는 목 바로 아래의 들어간 부분을 강조합니다. 사진에서 알 수 있듯이 디자인 나이프의 날 끝을 사용해서 조금 깊이 파 들어갑니다.

쇄골과 중앙부분의 움푹 들어간 부분 뒤각이 져 있습니다만, 그 각진 부분을 완만하게 만듭니다. 디자인 나이프로 튀어나온 부분을 깎아내어 완만한 곡선을 그리는 라인으로 깎아냅니다.

How to Make Figure 인체를 만들어보자 PART 4

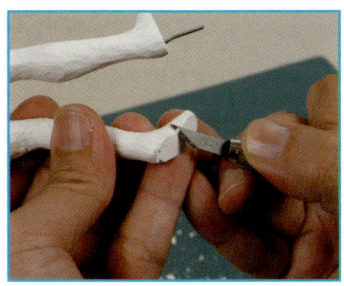

발바닥을 평면으로 깎아낸 발도 자잘하게 튀어나온 부분을 제거하여 둥글게 만듭니다. 힘을 너무 주면 필요 이상으로 파 들어가기 때문에 가볍게 칼날을 대서 조금씩 깎아 냅시다.

쇄골 주변이나 발바닥과 마찬가지로, 디자인 나이프로 깎아낸 자국이 눈에 띄는 부분에 더욱 세밀한 수정을 가합니다. 자잘하게 깎아내면 넓은 평면이 없어지기 때문에 둥근 맛이 살아납니다.

마찬가지로 목 주위도 튀어나온 것을 제거해 가면 둥근 맛이 살아난 모양으로 수정됩니다. 목의 단면은 앞을 향해 튀어나온 모습입니다. 앞 공정에서 만든 쇄골에서 근육이 이어진다는 것을 의식해서 형태를 깎아나가 봅시다.

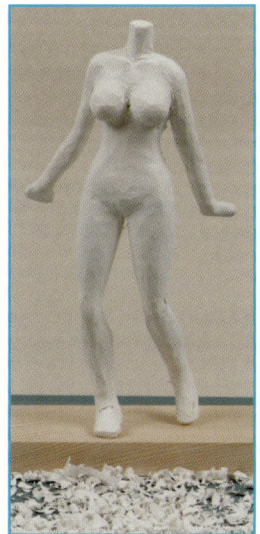

여기까지의 공정으로 프로포션이 거의 결정되었습니다. 여기부터 최종적인 체크를 실시합니다.

깎아낸 몸을 회전시킵니다. 일러스트와 비교하면서 신중히 프로포션의 균형을 체크합니다.

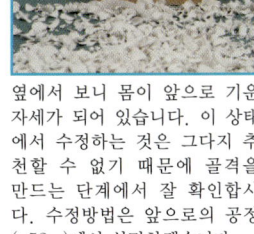

옆에서 보니 몸이 앞으로 기운 자세가 되어 있습니다. 이 상태에서 수정하는 것은 그다지 추천할 수 없기 때문에 골격을 만드는 단계에서 잘 확인합시다. 수정방법은 앞으로의 공정(p52~)에서 설명하겠습니다.

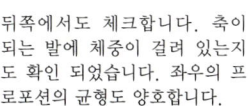

뒤쪽에서도 체크합니다. 축이 되는 발에 체중이 걸려 있는지도 확인 되었습니다. 좌우의 프로포션의 균형도 양호합니다.

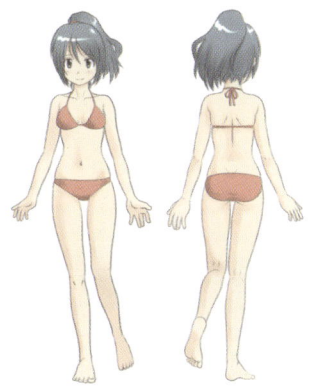

피규어의 달인 39

PART 4 ▸인체를 만들어 보자

표면을 정리한다

디자인 나이프로 모양을 정리하면서 사포로 표면을 깨끗하게 갈아줍니다. 석분점토는 결이 가늘고 부드러운 사포로는 효과가 없습니다. 초기에는 180번, 다음으로 320번 사포를 사용합시다. 동시에 사포로는 제거하기 힘든 남은 부분 등의 세부조정도 실시합니다. 여기서 큰 상처나 결점(표면의 들어간 부분) 등을 발견한 경우는 석분점토를 덧붙여 디자인 나이프로 수정 후, 다시 사포질을 합시다.

디자인 나이프로 자잘하게 잘라낸 표면은 매끄러워졌다고는 하지만 아직 평면이 남아 있습니다. 더욱 매끄러운 곡면을 만들기 위해서는 사포질이 필수입니다. 석분점토는 경화된 뒤에도 깎아내기 쉽기 때문에 너무 힘을 주지 않도록 주의합시다.

모양을 잡기 위해 180번 정도의 거친 사포로 사포질을 해줍니다. 우선은 목 주변부터. 너무 힘을 주면 부러지거나 심하게 깎이기 때문에 주의가 필요합니다.

180번 사포로 갈아준 뒤에는 한 단계 촘촘한 320번 사포로 갈아줍니다. 석분점토는 결이 촘촘하기 때문에 320번 정도로도 충분히 매끄러운 표면을 만들 수 있습니다.

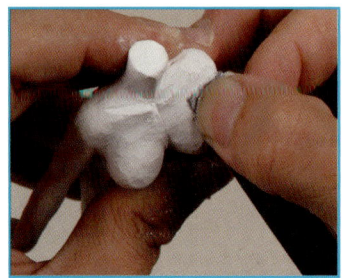

디자인 나이프로 깎아내서 만들어진, 자잘하게 튀어나온 부분을 제거하는 것이 사포질의 목적입니다. 목 주위의 작업이 끝나면 동시에 쇄골 주변의 자잘한 요철을 제거합시다.

사포질을 끝낸 상태입니다. 표면이 매끄러워진 모습을 알 수 있지요. 또한 쇄골도 더 자연스러운 모양에 가까워졌습니다.

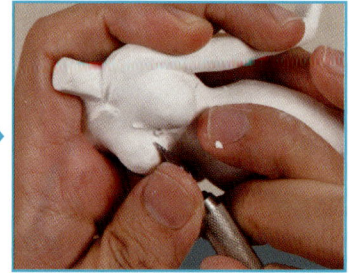

사포질로 제거할 수 없을 정도로 크게 튀어나온 부분은 그에 맞춰 디자인 나이프로 제거하고 다시 사포질을 하는 작업을 반복합니다. 들어간 부분이 많기 때문에 주의해서 살펴봅시다.

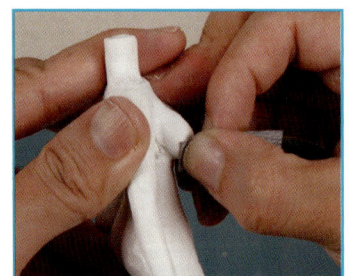

사포와 디자인 나이프에 의한 공정을 반복하면서 조금씩 둥근 맛이 있는 라인을 만들어 갑니다. 끈기가 필요한 작업입니다만, 피규어의 완성도를 높이는 중요한 작업입니다.

목 주위나 쇄골부분과 마찬가지로 전신에 사포질을 합니다. 허벅지 같은 곳의 넓은 면적을 사포질할 경우는 크게 움직여 힘이 균일하게 들어가도록 신경을 씁시다.

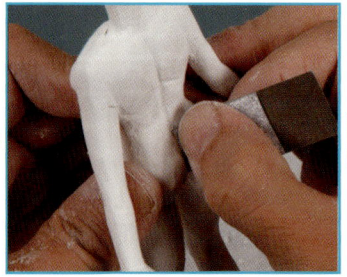

등에 사포질을 합니다. 쇄골과 마찬가지로 오버한다 싶을 정도로 파 들어간 등이나 견갑골의 디테일이 자연스러운 곡면으로 보이도록 매끄럽게 만들어 갑시다.

| How to Make Figure | 인체를 만들어보자 | PART 4 |

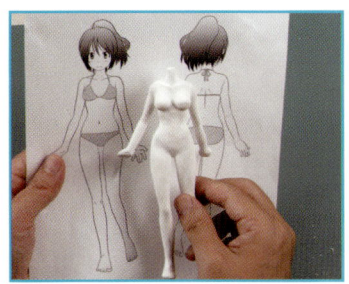

전체적으로 깎아내고 사포질을 완료하면 보다 밸런스가 맞는지 다시 한번 일러스트와 대조해 확인해 봅시다.

몸의 라인이나 디테일이 재현되어 이 시점에서는 거의 프로포션이 만들어졌습니다. 여기까지 소개한 기법은 두부나 복장 등 앞으로 소개할 공정에서도 사용되는 기법이며 또한 피규어 제작의 기본이 되는 기법입니다.

POINT 작업 중에 부러진 경우

작업 중에 파손되고 말았다! 하는 경우에는 순간접착제를 사용합시다. 경화시간도 빠르고 절삭성도 높기 때문에 표면처리 후에는 전혀 파손장소를 알 수 없게 됩니다.

철사 골조가 들어가있음에도 가느다란 부분에 금이 가거나 부러지거나 하는 경우나 석분점토의 접착이 안 좋았거나 벗겨진 경우 등이 있습니다. 그러한 것을 수정할 때가 바로 순간접착제가 나설 차례입니다.

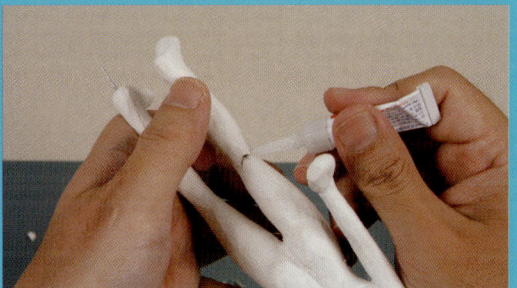

순간접착제는 굳게 되면 딱딱한 층이 되어 그 후의 절삭성도 괜찮습니다. 다소 삐져나오더라도 마찬가지로 처리하면 되기 때문에 듬뿍 도포시켜 접착시킵시다. 석분점토에 사용할 경우는 젤리 타입 같은 것이 사용하기 쉽습니다.

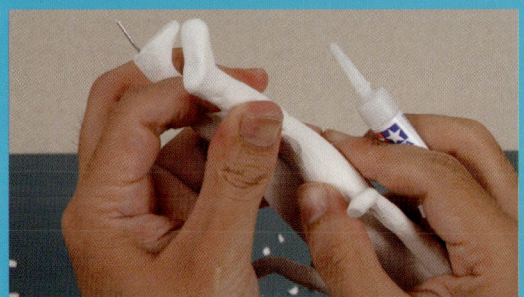

순간접착제는 빨리 굳기 때문에 편리합니다만, 경화될 때에 열이 발생하기 때문에 취급에 주의합시다. 또한 의복 같은 곳에 묻으면 떨어지지 않기 때문에 작업복이나 앞치마를 준비하는 편이 좋습니다.

순간접착제는 반응에 의해 더욱 경화됩니다만, 오래되거나 하면 반응이 약해지고 잘 붙지 않기도 합니다. 그럴 때는 순간접착제의 경화를 촉진시키는 스프레이를 사용합시다. 순식간에 경화되므로 편리합니다.

PART 4 ▶인체를 만들어 보자
손가락을 붙인다

손가락은 가늘고 동체 제작과 동시에 진행하면 파손될 위험이 있기 때문에 별도의 공정으로 해설합니다. 동체 부분의 제작 시에 만든 손목 부분을 기준으로 골격에 해당하는 철사를 끼워 넣어 강도를 확보하고 한 개 한 개 조심스럽게 제작합니다. 건조된 석분점토는 금속에는 잘 붙지 않기 때문에 철사가 빠질 경우에는 순간접착제로 고정시키면 좋습니다. 덧붙이고 깎아내고 사포질을 하는 것은 앞 공정과 똑같이 시행합니다.

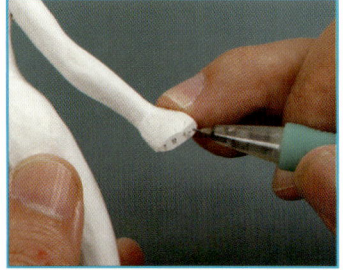
대강 만들어진 손바닥/손등의 단면부분에 손가락의 뼈가 될 철사를 꽂기 위해 표시를 합니다. 그리기 쉽도록 손가락을 붙일 면에 평평하게 사포질을 해둡시다.

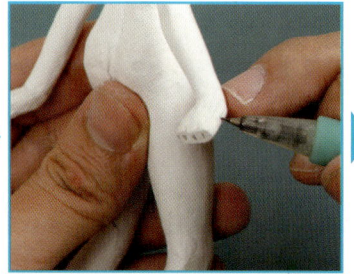
샤프로 검지손가락부터 새끼손가락까지 네 개의 위치를 그린 다음, 엄지손가락의 위치를 확실히 표시해둡니다. 자신의 손을 참고로 하면 균형을 맞추며 그리기 쉬울 것입니다.

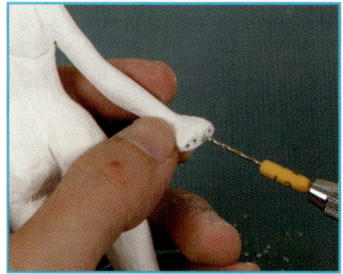
다섯 개의 손가락의 위치를 표시했다면 그 부분에 핀바이스로 구멍을 뚫습니다. 너무 구멍이 얕으면 철사가 빠질 수 있기 때문에 최소한 깊이가 5mm 정도는 되는 구멍을 뚫어 봅시다.

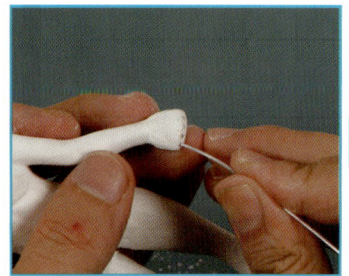
모든 손가락의 위치에 구멍을 뚫었다면 그 구멍에 철사를 꽂습니다. 철사는 나중에 길이를 조절하면서 절단하기 때문에 우선은 길게 꽂아 넣습니다.

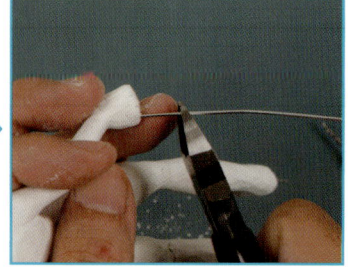
꽂아 넣은 철사를 적당한 길이로 자릅니다. 나중에 세밀하게 조절하기 때문에 2cm정도면 됩니다.

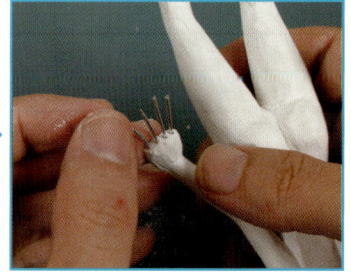
같은 작업을 남은 세 개의 손가락에 행합니다. 경화된 석분점토는 금속에 접착이 되지 않기 때문에 뿌리부분을 너무 흔들면 구멍이 넓어져 철사가 빠지기 쉬워집니다. 주의합시다.

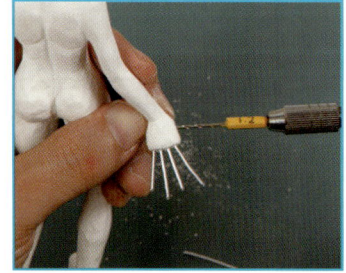
엄지손가락용 구멍을 뚫습니다. 엄지손가락은 포즈나 이미지에 따라 구멍 위치가 변합니다. 이번에는 손을 벌리고 있는 포즈이기 때문에 손바닥과 대칭되도록 사진과 같은 각도로 뚫어줍니다.

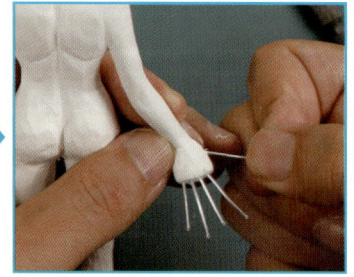
마찬가지로 엄지손가락에도 철사를 꽂습니다. 먼저 꽂은 철사에 간섭하지 않도록 주의합니다. 이 작업을 왼손에도 마찬가지로 시행합니다.

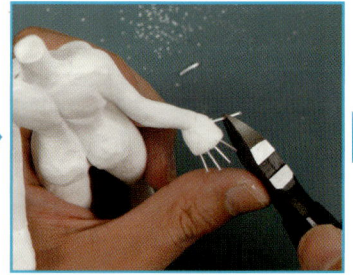
모든 손가락에 철사를 꽂았다면 손가락의 길이를 조절합니다. 자신의 손가락을 확인하면서 각각의 손가락 길이의 밸런스를 조절합니다.

How to Make Figure　　인체를 만들어보자　　PART 4

손가락의 길이가 결정되면 손가락의 분위기를 만들어 줍니다. 포즈에 맞춰 손가락의 뼈를 굽혀줍니다. 억지로 굽히면 손목이 부러지고 마는 경우도 있기 때문에 손 부분을 잡고 조심스럽게 라디오 펜치로 굽혀줍니다.

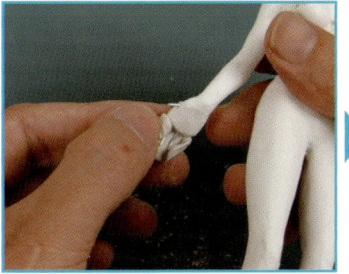

손가락의 분위기가 결정되면 손을 조형합니다. 앞의 공정에서 만든 손가락뼈를 감싸듯이 석분점토를 붙여줍니다. 손가락 한 개를 각각 조형하지 말고 네 개의 손가락을 한꺼번에 점토로 덮습니다.

철사를 균일하게 덮었다면 석분점토가 건조되기 전에 손가락의 끝부분을 잘라냅니다. 니퍼로 한번에 잘라냅시다. 이때 너무 짧게 자르면 금속 골격부분까지 잘라버리게 되기 때문에 길이에 신경을 씁시다.

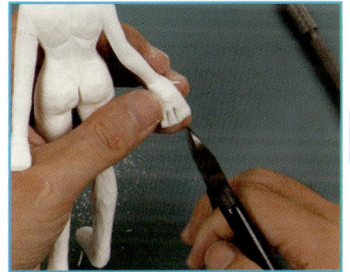

손가락 끝부분을 정리했다면 다음은 각 손가락을 잘라 떨어트려줍시다. 이 작업도 마르기 전에 한번에 해줍시다. 마찬가지로 니퍼를 사용해서 잘라줍니다. 손가락 사이의 간격이 좁기 때문에 얇은 니퍼를 사용하면 더욱 작업하기가 쉽습니다.

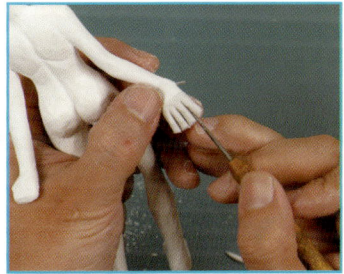

니퍼로 잘라낸 손가락은 어느 정도 모양이 갖추어집니다. 세밀한 부분의 작업이기 때문에 끝이 날카로운 스파츌러 같은 것으로 하는 것이 하기 쉽습니다.

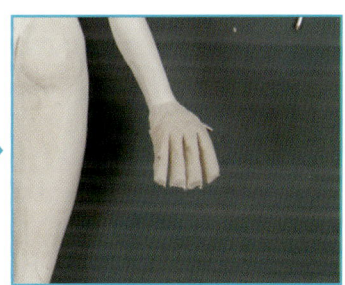

검지손가락부터 새끼손가락까지 모양을 만드는 것이 끝난 상태입니다. 이것을 건조시켜서 디자인 나이프, 사포로 모양을 정리합니다. 지금까지 몸을 만드는 공정에서 설명해온 방법과 기본적으로는 동일합니다.

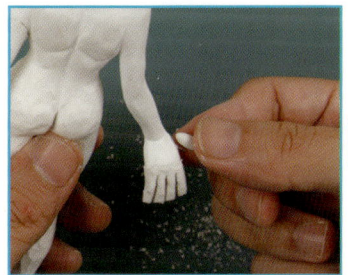

네 개의 손가락을 다 만들었다면 다음으로 엄지손가락을 붙입니다. 길고 가늘고 둥근 석분점토를 철사로 된 골격에 끼워 넣듯이 붙입니다. 손등 부분과 접착면을 물로 융화시키는 일도 잊지 맙시다.

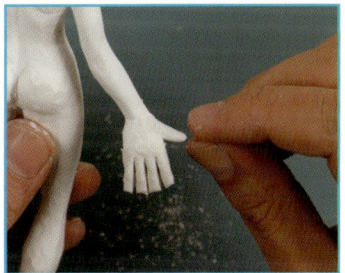

엄지손가락을 붙입니다. 이 시점에서 대강의 모양을 만들어두면 나중에 깎아내는 작업이 편해집니다.

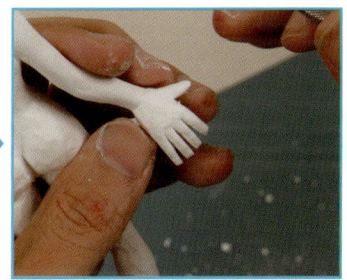

엄지손가락을 붙이면 일단 완성입니다. 여기서 충분한 건조시간을 둡시다. 철사가 뼈로서 들어가 있지만 굉장히 가늘고 파손되기 쉬운 부분이기 때문에 특히 취급에 주의합시다.

손가락 끝의 석분점토가 건조되면 디자인 나이프로 깎아 모양을 만듭니다. 우선은 손바닥에 맞춰 튀어나온 부분을 제거합니다.

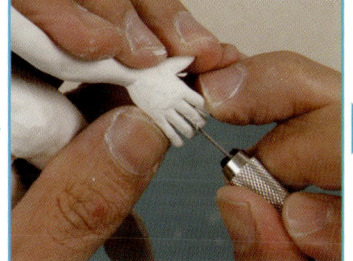

손가락 하나 하나 조심해서 튀어나온 부분을 제거하여 둥글게 만듭니다. 가느다랗고 강도가 아주 약한 부분이기 때문에 작업은 신중히 진행합시다.

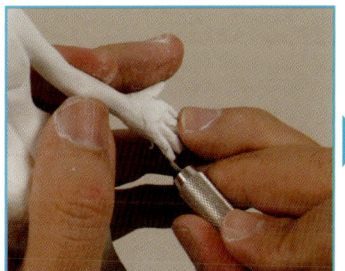

손끝을 향해 세밀하게 깎아줍시다. 니퍼로 잘라줬을 뿐인 손끝도 둥근 맛이 나오도록 정리해 줍시다. 동시에 손의 길이도 조절해두면 전체적인 밸런스를 알 수 있기 때문에 시행하기를 추천합니다.

피규어의 달인 43

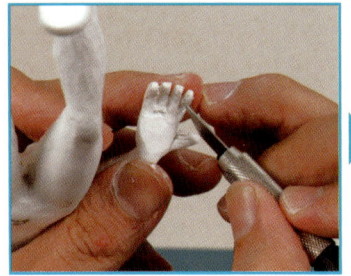

손바닥 쪽도 마찬가지로 깎아줍니다. 손등 쪽과 손바닥 쪽의 표현 차이는 자신의 손을 참고해서 내 봅시다. 손가락의 바깥쪽은 딱딱하고 손가락의 안쪽은 부드러운 것을 의식하면서 손금 같은 것도 표현하면 좋습니다.

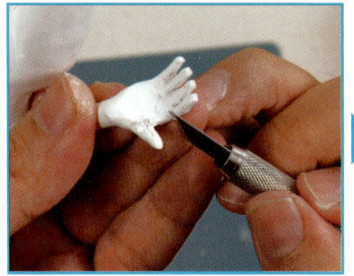

손가락은 섬세한 부분이기 때문에 조형에도 신경을 쓰고 싶은 부분입니다. 작업하기 쉽도록 집어 드는 방법은 연구해 봅시다. 엄지손가락의 계곡 사이 부분의 라인 등도 자신의 손을 보면서 작업하면 이해하기 쉽고 만들기가 쉬워집니다.

디자인 나이프로 깎아내기 작업이 종료되면 사포로 분위기를 만들어 갑니다. 동체 등과 같이 180번 정도의 거친 사포를 사용하여 모양을 만듭니다.

손가락 끝에 더해 손등이나 손바닥도 사포로 정리해 줍니다. 손바닥에 선을 만들 경우는 사포질 공정에서 표면이 깎여나갈 것을 고려해서 약간 깊이 파두는 것도 좋습니다.

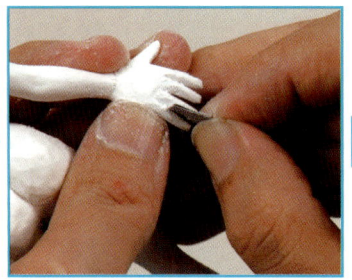

손가락 사이도 조심스럽게 사포질을 하여 표면을 매끄럽게 만듭니다. 좁은 부분에는 접은 사포를 사용해서 문지르면 좋습니다. 손가락의 틈이 필요이상으로 벌어지지 않도록 주의해서 조금씩 깎아나갑시다.

손가락 길이의 균형이 이상한 경우는 즉시 니퍼 같은 것으로 절단해서 조절합니다. 또한 혹처럼 튀어나온 경우에도 니퍼로 절단하는 편이 사포로 깎아내는 것보다 작업시간 단축이 되는 경우도 있습니다.

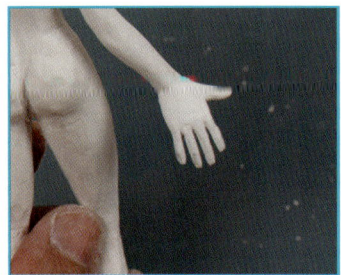

지금부터 다음 공정에서 더욱 세부조정을 하게 되겠습니다만, 일단 손가락은 완성입니다. 손가락의 자연스러운 커브나 손가락 각각의 길이 등에 주의합시다. 왼손 쪽도 마찬가지로 시행합니다.

POINT 손목의 구조를 생각하여 디테일에 적용하자

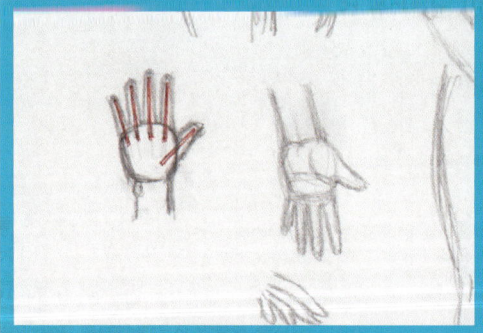

손은 굉장히 작습니다만, 각각 손가락의 길이, 엄지손가락이 붙어있는 위치나 가동부에 나오는 금, 손목과 경계부분 등, 굉장히 여러 가지 분위기가 나는 부분입니다. 이것을 표현할 것인가 하지 않을 것인가로 피규어의 완성도에 커다란 차이가 나오기 때문에 만들어 가고 싶은 부분입니다. 또한 뼈가 되는 철사는 서로 간섭하기 때문에 이 일러스트를 참고해 봅시다.

PART 4 ▶인체를 만들어 보자

디테일을 추가한다

인체에는 관절부분의 잘록함이나 표면에 드러나는 골격 등, 여러 가지 요철이 있습니다. 이러한 디테일이 표현되어 있는가 어떤가가 리얼리티를 결정하는 중요한 요소이기 때문에 피규어의 데포르메에 맞춰 이러한 디테일을 표현해 봅시다. 이 공정에서는 디자인 나이프보다도 조각도를 사용하여 작업하기 쉬운 경우가 있습니다. 납작칼이나 삼각칼 같은 것을 준비해 두면 편리합니다.

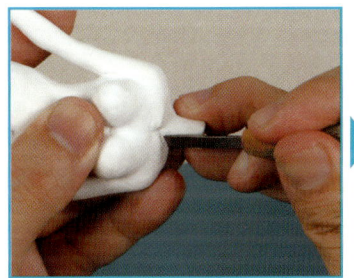

대강 모양을 낸 쇄골을 더욱 세밀하게 정리합니다. 깎아내는 쪽이나 위치에 따라서는 조각도 같은 것을 사용하면 디자인 나이프보다도 작업하기 쉽고, 더욱 모양을 낼 수 있습니다. 여기서는 납작칼을 사용했습니다.

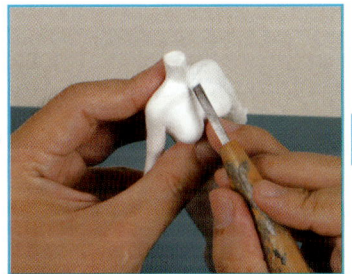

납작칼의 끝을 사용하면 쇄골의 오목한 부분 등도 쉽게 조각할 수 있습니다. 조각도는 한세트 갖춰 두는 것을 추천합니다.

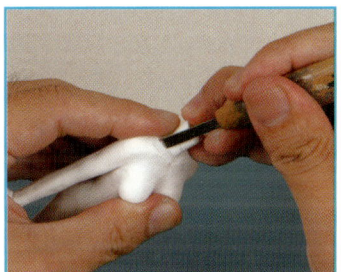

어깨의 위쪽부터 쇄골, 가슴 사이의 오목한 부분을 더욱 확실히 만들면, 목 주변이 아름답게 보입니다. 디자인 나이프로 너무 각이 진 라인을, 납작칼로 부드럽게 깎아줍니다.

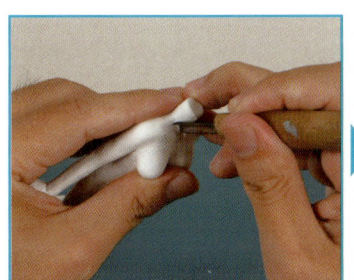

목의 세로 라인에서 쇄골로 이어지는 오목한 부분을 파냅니다. 이렇게 움푹 들어간 부분에는 둥근칼을 사용하면 좋습니다.

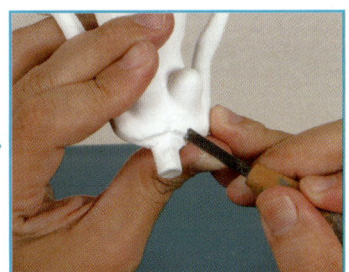

쇄골의 모양이 확연해 지기 시작했습니다. 동시에 목 모양도 확실해지는 것을 알 수 있습니다.

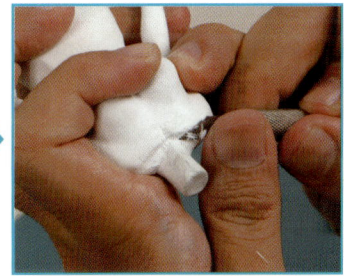

조각도로 대강 깎아낸 쇄골의 튀어나온 부분을 디자인 나이프로 세세하게 깎아서 수정합니다.

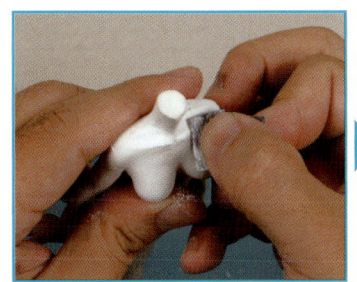

디자인 나이프로 수정한 뒤의 자잘한 평면을 곡면으로 조정하기 위해 180번 사포로 부드럽게 깎아 표면을 완만하게 만듭니다. 힘을 너무 주지 않도록 주의합시다.

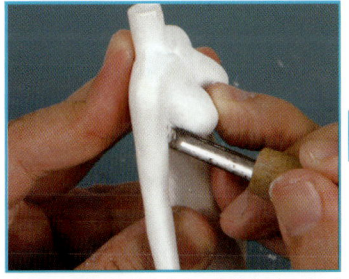

바스트 옆을 수정합니다. 이렇게 파고 들어간 부분에서, 각이 지게 파고들고 싶지 않을 경우에는 역시 디자인 나이프만으로는 충분한 작업이 불가능하기 때문에 조각도 (여기서는 둥근칼)를 사용합시다.

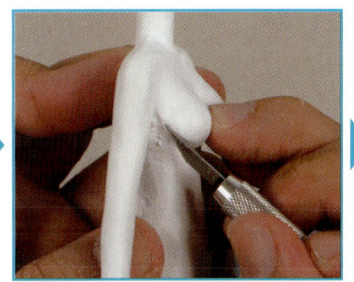

조각도로 대강 깎아낸 바스트 옆의 오목한 부분을 디자인 나이프로 세밀하게 수정합니다. 더욱 여성스러운 라인이 드러났다는 것을 알 수 있습니다.

지금까지의 공정과 마찬가지로 180번 사포로 표면을 다듬습니다. 너무 깎아내지 않도록 신중하게 조금씩 사포를 사용해서 깎아냅니다.

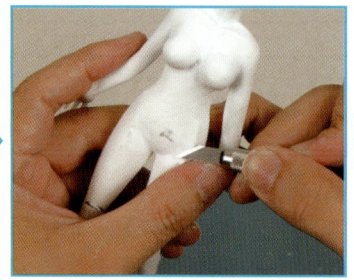
다음으로 허리 주변을 수정합니다. 현재 모양으로는 단순한 곡면이 되어 있습니다만, 우선은 허리의 양 사이드에 두각되어 있는 골반의 라인을 깎아냅니다.

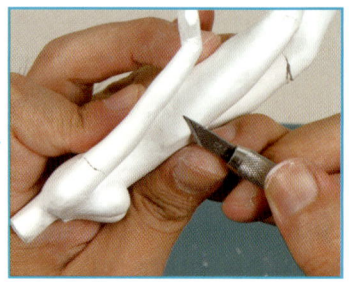
골반 라인이 튀어나오도록 그 양 옆을 디자인 나이프로 깎아줍니다.

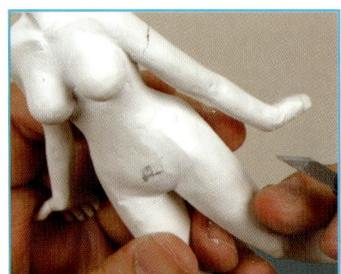
골반의 좌우를 깎아내어 골반을 강조한 상태입니다. 골반의 위치는 자신의 허리를 만져보며 확인합시다.

사포로 튀어나온 부분을 매끄럽게 깎아 정리합니다. 너무 깎아내면 모처럼 골반 모양을 내더라도 눈에 띄지 않게 되거나 없어지기도 하기 때문에 신중하게 깎아냅시다.

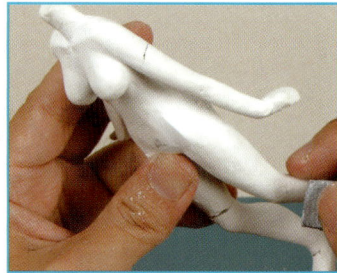
사포질을 하는 도중 단계입니다. 골반 형상이 드러난 정상부분이 튀어나온 형태가 확실히 보입니다만, 이걸로는 아직 덜 깎여있는 상태입니다.

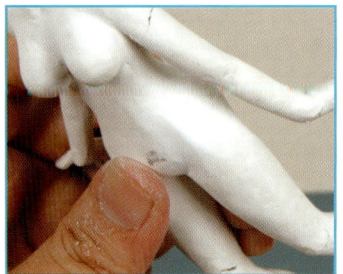
튀어나온 부분 전체가 깎이지 않게 주의하면서 주변에 맞춰 완만하게 되도록 사포질을 합니다.

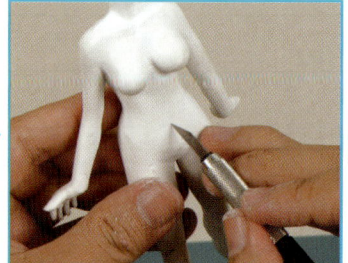
골반이 완성되자 「배」 위치를 확실히 알 수 있게 되었습니다. 이에 맞춰 배꼽을 만듭니다.

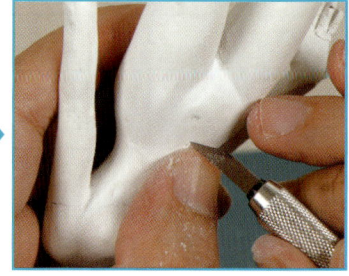
배꼽은 작은 편이 예쁘고 귀여워 보이기 때문에 디자인 나이프 끝으로 파냅시다. 위치는 허리의 가장 들어간 부분의 높이가 기준입니다.

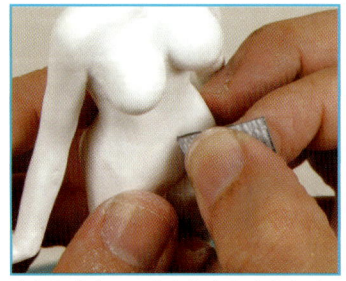
디자인 나이프로 가볍게 파낸 부분에 사포질을 합니다. 작은 장소이기 때문에 사포의 귀퉁이 끝을 사용합니다. 사포절단면 상태로 깎아내기 쉬운지 어떤지가 변하기 때문에 사포를 잘라낼 때는 나이프로 해야 합니다.

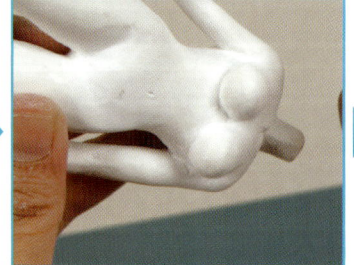
배꼽을 완성했습니다. 배꼽은 너무 크면 눈에 띄고 말기 때문에 사포질을 해서 적당히 줄여주는 것을 추천합니다.

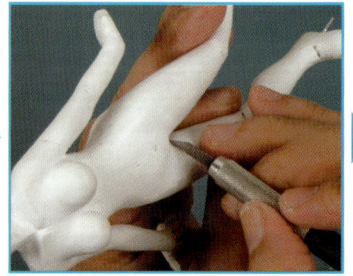
겨드랑이 아래 같은 곳과 마찬가지로 들어간 부분도 수정해 갑니다. 다리사이 같은 곳은 그 대표적인 예입니다. 조각도로 작업하기에 너무 좁은 장소는 디자인 나이프로 하면 됩니다.

How to Make Figure   인체를 만들어보자   PART 4

수정 후에는 잊지 말고 사포질을 합니다. 좁은 부분의 사포질은 사포를 한번 접어 겹쳐 신중하게 합니다.

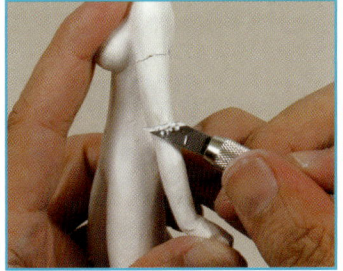

허리의 골반 라인과 마찬가지로 전신의 뼈가 튀어나온 부분의 라인을 강조합니다. 우선은 팔부터 보여드리겠습니다.

팔꿈치는 관절이 있기 때문에 뼈가 튀어나옵니다. 이 라인을 팔꿈치 관절 주변을 조금씩 파내서 강조합니다.

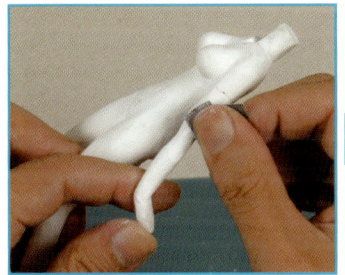

디자인 나이프로 깎아내서 사포로 표면을 정리합니다. 팔이 너무 튀어나오면 남성적이고 투박하게 보이기 때문에 여성적인 라인에 신경을 씁시다.

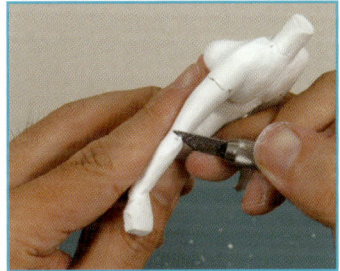

팔을 뻗었을 때의 팔꿈치 바깥쪽에 튀어나오는, 상박의 팔꿈치 아랫부분의 뼈를 강조합니다. 자신의 팔을 만져보고 뼈의 모양을 확인합시다.

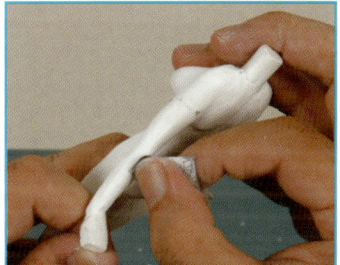

지금까지와 마찬가지로 사포로 표면을 문질러 줍니다.

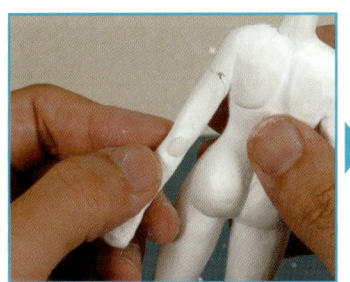

너무 잘라낸 경우에는 작은 석분점토 덩어리를 붙여 수정합시다. 건조를 하지 않으면 작업이 진행되지 않기 때문에 너무 깎아내지 않도록 주의가 필요합니다.

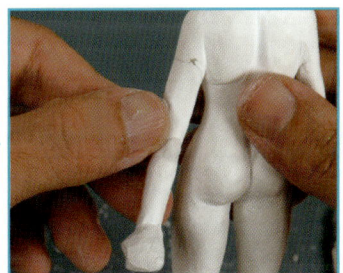

팔꿈치 부분에 물을 묻히며 석분점토를 붙여주면서 주위와 동화되도록 잘 펼쳐줍니다. 너무 양이 많으면 최종적으로는 깎아버리기 때문에 사진을 참고로 하여 적정량을 붙여줍니다.

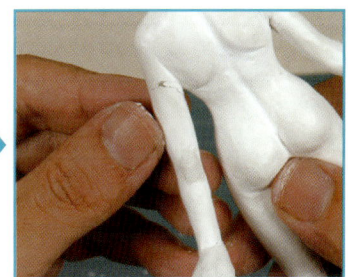

석분점토를 펼쳐 주위에 녹아 들도록 한 상태입니다. 앞 공정에서 뼈 모양을 깎아낸 부분을 석분점토로 덮어버리지 않도록 주의합시다.

석분점토가 완전히 건조되면 지금까지와 마찬가지로 디자인 나이프로 깎아내고 사포질을 합니다. 더욱 자연스러운 팔꿈치 라인이 된 것을 알 수 있습니다. 이것은 무릎 같은 곳의 튀어나온 부분에도 사용할 수 있는 기법입니다.

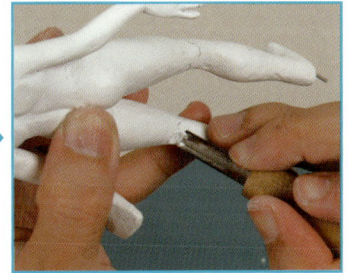

무릎 뒤쪽 관절의 오목한 부분을 깎아줍니다. 인간이 서 있을 때 튀어나오는 무릎 양 옆의 근육덩어리를 재현합니다.

양쪽 근육을 남기면서 잘록한 부분을 재현하기 위해서는 완만한 곡선을 그리며 깎아 내려갈 필요가 있습니다. 이럴 때는 조각도(둥근칼)로 깎아주는 것이 적합합니다.

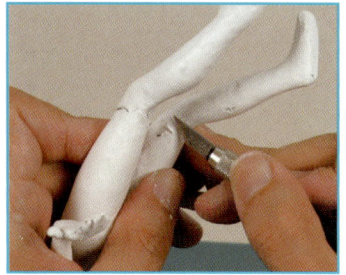

조각도로 잘록한 부분을 깎아낸 다음은 디자인 나이프로 근육의 바깥쪽을 날카롭게 깎아냅니다.

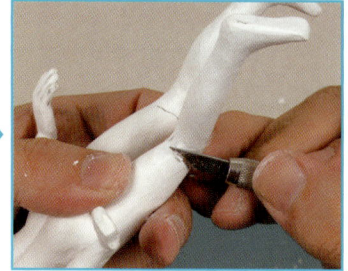

오금의 근육 부분은 무릎을 굽힌 상태에 따라 표현이 달라집니다. 자신의 무릎 뒤를 실제로 만져보면서 움직여서 확인해 봅시다.

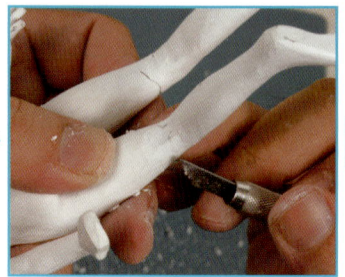

약간 휜 것이 오금 근육이 많이 튀어나오기 때문에 왼쪽 다리의 오금은 더욱 근육이 튀어나오도록(=오금의 오목한 부분이 깊어지도록) 깎아줍니다.

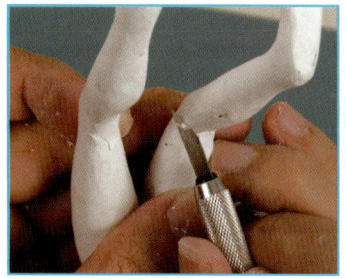

오금의 표현은 무릎의 바깥쪽과 안쪽에서도 표현이 다릅니다. 바깥쪽은 들어가고 안쪽은 무릎관절의 뼈가 표면에 비쳐 보입니다. 자신의 무릎을 확인하면서 재현해 봅시다.

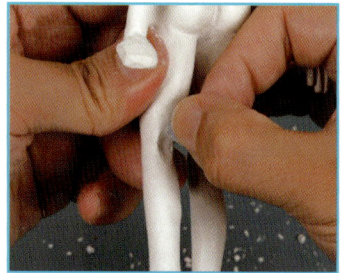

모양이 만들어졌다면 지금까지의 공정과 마찬가지로 사포로 표면처리를 합니다. 잘록한 부분이기 때문에 사포를 적당한 크기로 잘라 사용합시다.

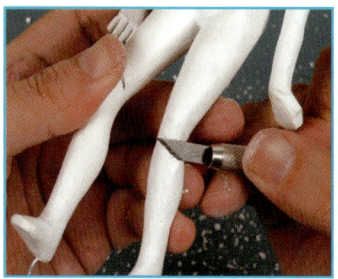

무릎 뒤쪽이 종료되었으면 무릎 앞쪽의 세밀한 조정을 합니다. 무릎 바로 아래에는 뼈가 피부아래로 드러나 있습니다. 무릎뼈 아래와의 사이를 약간 들어가게 표현합시다.

허리 골반의 표현과 마찬가지로 좌우에서 디자인 나이프로 깎아 들어갑니다. 이 부분도 무릎이 꺾인 정도에 맞춰 표현이 바뀝니다. 자신의 무릎을 만져서 확인해보며 진행합시다.

무릎뼈의 모양이 만들어졌다면, 사포로 표면을 다듬어 줍시다. 너무 근육이 도드라진 라인으로 만들고 싶지 않은 부분이기 때문에 튀어나온 부분이 아예 없어지지 않을 정도로 아주 매끄러운 라인이 되도록 신경을 써 줍시다.

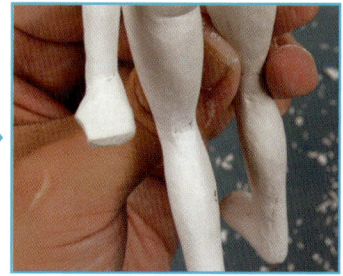

무릎 뒤쪽의 처리가 끝난 상태입니다. 확실히 오금이 표현되어 있는 것을 알 수 있습니다. 세세한 부분입니다만, 피규어의 리얼리티를 재현하기 위해서는 중요한 부분입니다.

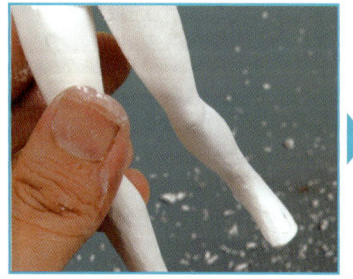

무릎의 앞쪽 처리가 끝난 상태입니다. 정강이에 나타난 뼈도 확실히 알 수 있습니다. 너무 뚜렷하게 표현하면 튀어나와 보이기 때문에 여성스러운 부드러운 라인이 되도록 신경을 써야 하는 부분입니다.

이어서 뒤꿈치의 세세한 조정을 합니다. 뒤꿈치는 특히 튀어나온 부분이기 때문에 우선은 가장 튀어나온 부분(=중심)에 샤프로 중심선을 긋습니다.

중심선을 그은 가장 튀어나온 부분을 기준으로 하여 좌우를 디자인 나이프로 깎아냅니다. 아킬레스건에서 뒤꿈치뼈로 이어지는 라인이기 때문에 자신의 발을 만져보고 바깥쪽과 안쪽 라인의 차이 같은 것을 확인하면서 깎아나갑시다.

How to Make Figure 인체를 만들어보자 PART 4

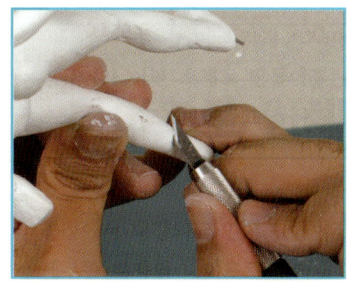

발뒤꿈치 쪽을 깎아내서 달라진 발목 라인에 맞춰 정강이의 라인도 조절해줍니다. 다리의 라인은 아름답게 표현하고 싶은 부분이기 때문에 전체적인 균형을 중요시하여 작업을 진행합시다.

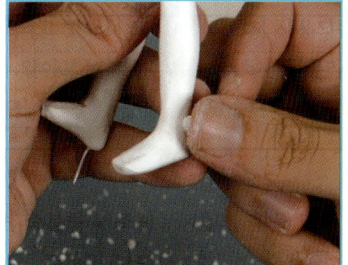

발목의 라인이 만들어졌다면 발목 관절 양쪽에 드러나는 복숭아뼈를 제작합니다. 복숭아뼈는 많이 튀어나오게 해야 하는 부분이기 때문에 석분점토를 덧붙여 표현합니다.

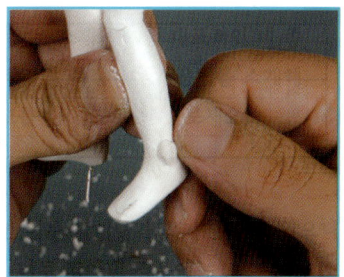

복숭아뼈에 적정량의 석분점토를 붙입니다. 위치는 발등의 높이 정도로 약간 앞쪽으로. 이 부분도 역시 자신의 발과 비교하면서 확실히 위치와 크기를 검토합시다.

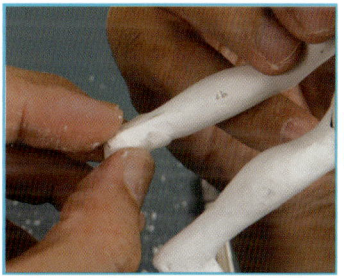

마찬가지로 발목의 안쪽에도 석분점토를 붙여줍니다. 바깥쪽과 안쪽은 볼륨이 조금 다릅니다. 안쪽은 바깥쪽과 비교해서 약간 적은 양을 붙여줍니다.

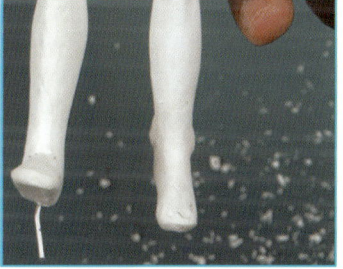

복숭아뼈의 안쪽과 바깥쪽 위치관계입니다. 안쪽이 약간 위로 올라가 있습니다. 발목의 각도에 따라서도 변하기 때문에 포즈에 따른 위치 변화를 잘 검토합시다.

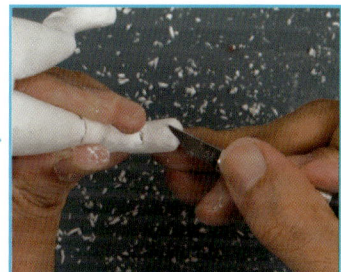

발목이 끝났다면 발끝의 조정을 합니다. 앞 공정에서 발끝의 아웃라인을 내 두었기 때문에 발가락을 만들어 봅시다. 우선은 발등을 얇게 깎아내서 밑그림을 그려줍니다.

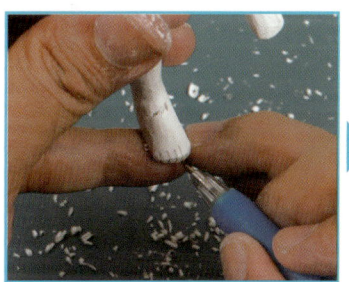

샤프로 발가락 각각의 밑그림을 그려줍니다. 엄지발가락이 가장 두껍고 바깥쪽으로 갈수록 가늘고 작게 만듭니다. 균형 잡히게 그려줍시다.

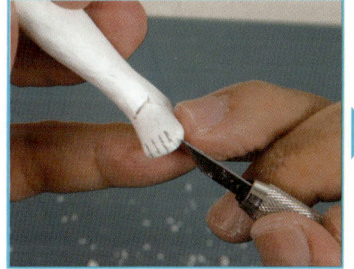

발가락의 밑그림을 그렸으면 발가락 라인을 깎아내기 시작합니다. 우선은 발끝부터 세로로 잘라줍니다.

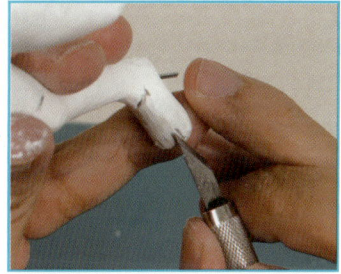

다음으로 발등부터 발가락까지를 디자인 나이프로 파냅니다. 정밀한 부분이기 때문에 조각칼보다도 작게 자를 수 있는 디자인 나이프를 추천합니다.

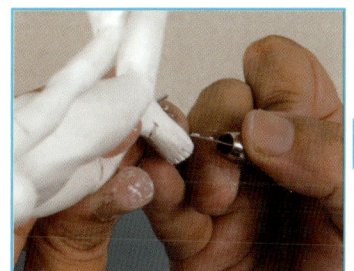

발가락은 손가락과 달리 떼어낼 필요가 없습니다. 발가락 사이에 선을 파내는 것으로 표현합니다. 사진에서처럼 같은 정도의 홈을 파내 봅시다.

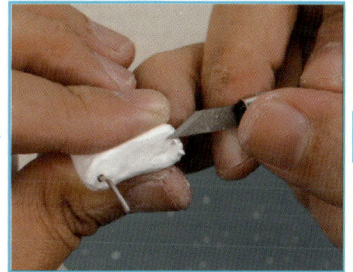

발등 쪽에서 파낸 선에 맞춰 발바닥 쪽에도 마찬가지로 발가락 틈을 표현해줍니다. 발끝의 끝 라인과 어긋나지 않도록 주의합시다.

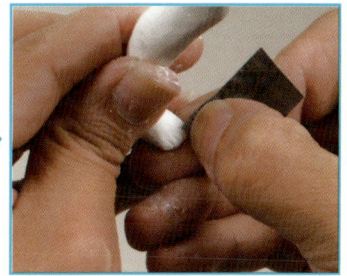

발바닥까지 선이 그어졌다면 발가락 사이에 사포질을 해줍니다. 정밀한 부분이기 때문에 작게 잘라낸 사포를 사용합시다.

발가락의 세부 조정이 끝났습니다. 아웃라인 외에 각각의 발가락 길이에도 신경을 씁시다. 선이 그어진 길이에 따라 조절을 해주는 것이 좋을 것입니다.

복숭아뼈에 덧붙인 석분점토가 건조되면 잘라 모양을 만들어 줍시다. 우선은 디자인 나이프로 주위의 라인과 어울리지 않는 부분을, 대강 잘라줍시다.

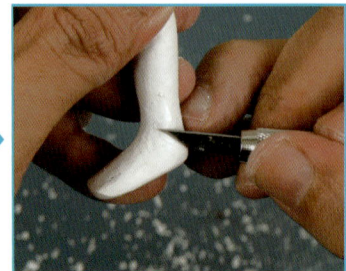

디자인 나이프를 수직으로 세워, 옆으로 긁어주어 대패처럼 얇게 표면을 깎아줍시다. 모처럼 덧붙인 복숭아뼈가 없어져버리지 않을 정도로, 주의해서 깎아줍시다.

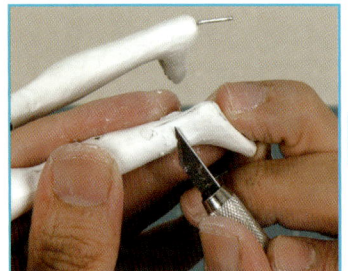

복숭아뼈가 없어지지 않을 정도로 자르려면, 복숭아뼈에서 먼 쪽을 향해 깎아내는 것이 포인트입니다. 역시 너무 힘을 주지 말고 조금씩 깎아줍시다.

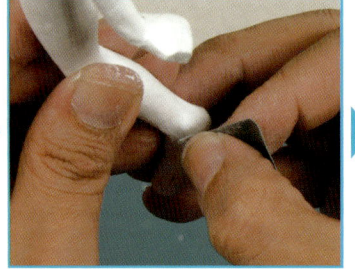

디자인 나이프를 사용한 대패질로 세밀한 조정을 끝낸 뒤에 180번 사포로 표면을 연마해줍니다. 원을 그리듯 골고루 깎아줍시다. 한 방향으로만 깎으면 라인이 무너질 위험성이 있기 때문에 바꿔가면서 여러 방향에서 깎아줍시다.

복숭아뼈에서 아킬레스건으로 이어지는 라인을 수정합니다. 이 부분은 조금 파인 라인이 되기 때문에 사포 표면으로 전체를 덮어 누르면서 잘 깎아줍니다.

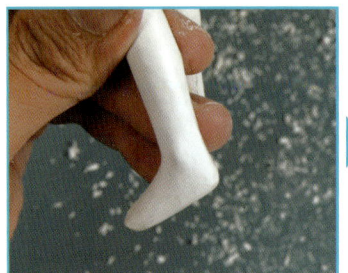

복숭아뼈의 표면처리가 끝났습니다. 복숭아뼈나 아킬레스건의 라인이 확실히 드러났다는 것을 알 수 있습니다.

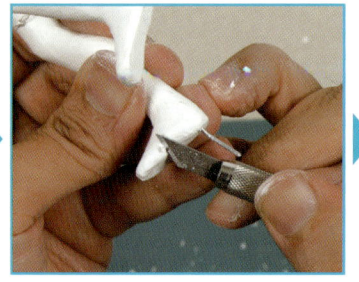

발의 모양을 만들었다면 발의 전체적인 라인을 조정합니다. 현재 모양으로서는 발바닥을 평평하게 깎아냈기 때문에 평발이 되어버리기에 발바닥의 파인 부분을 만들어줍니다.

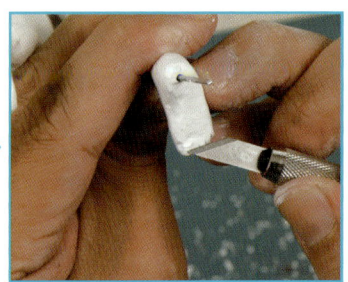

'패인부분=발바닥'의 안쪽의 중앙부는 크게 깎아서 지면과 접촉하지 않는 부분입니다. 우선은 그 부분을 크게 깎아줍니다. 자신의 발을 참고로 합시다. 또한 발가락이 붙어있는 사이사이가 들어간 것도 표현해줍니다.

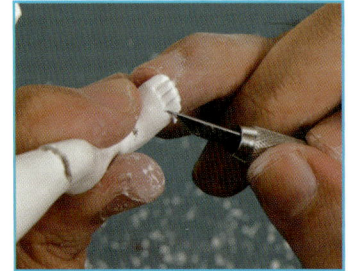

발등 쪽에도 발가락과 그 붙어있는 부분이 오목한 것을 표현하기 위해 깎아줍시다. 또한 발 바깥쪽의 라인은 새끼발가락이 붙어있는 곳의 뼈가 튀어나와 있으므로 발가락보다 바깥쪽으로 라인이 더 넓어지기 때문에 새끼발가락을 깎아냄으로써 이 라인을 표현합니다.

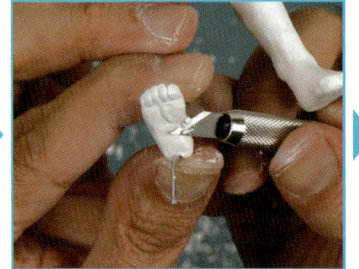

발바닥의 오목한 부분을 깎아냄에 더해 발바닥의 다른 디테일도 추가해줍니다. 인간은 엄지발가락이 붙어있는 곳과 새끼발가락이 붙어있는 곳, 그리고 발뒤꿈치 이렇게 세 개의 지지점을 갖고 있기 때문에 발끝의 중앙부에 'ㅅ'자처럼 오목한 부분이 있습니다.

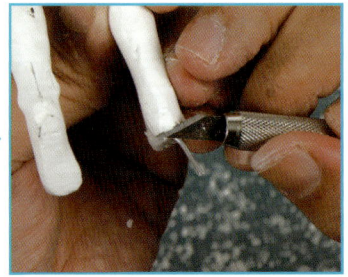

발뒤꿈치를 둥근 맛이 있는 라인이 되도록 깎아줍니다. 앞 공정에서 만든 아킬레스건에 이어지는 라인에도 신경을 써 줍니다.

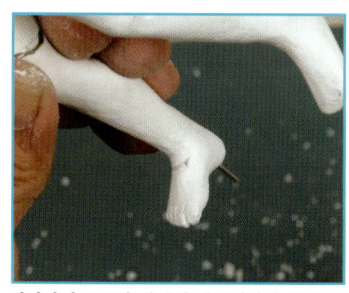

발바닥의 오목한 부분이 만들어짐에 의해 더욱 자연스러운 다리 라인이 만들어 졌습니다. 새끼발가락 부분에서 설명했던 발가락이 붙어있는 부분의 뼈는 엄지발가락 쪽에도 있기 때문에 그 라인도 동시에 제작합니다.

아킬레스건의 라인은 복숭아뼈에서 가장 튀어나온 부분에 있으며 더욱 부풀어오른 모습으로 인해 라인 또한 독특합니다. 샘플의 Y자처럼 되어 있는 라인을 참고 합시다.

POINT 피규어를 아름답게 보이게 하는 포인트

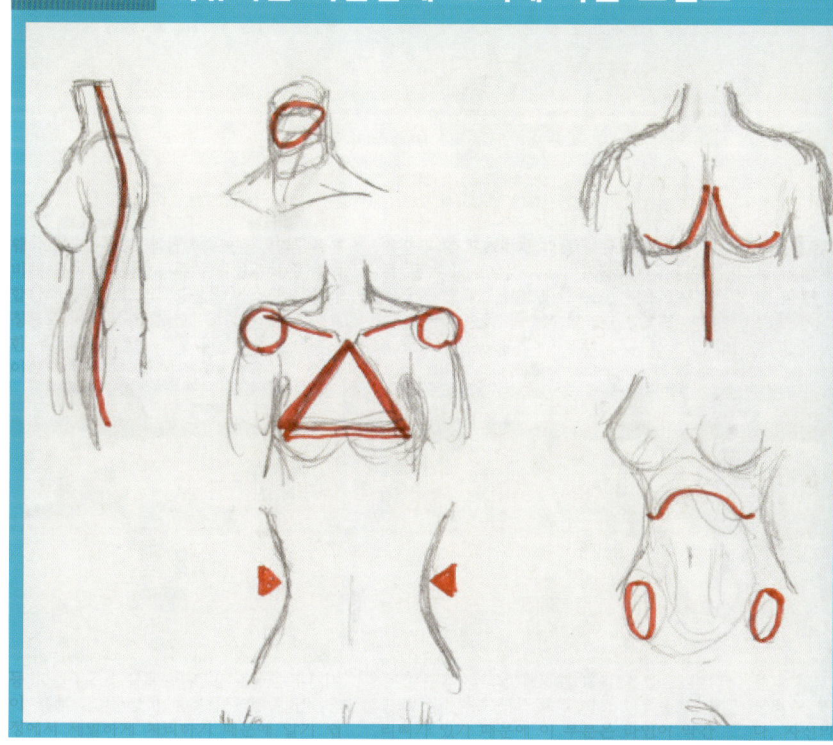

균등하게 잡혀있는 프로포션이 아름답게 보이는 것은 인간도 피규어도 마찬가지라고 합니다. 피규어 제작에 있어서도 아름답게 보이게 하는 포인트를 확실히 파악해 봅시다. 이것은 앞에서 서술한 '골격'과 밀접한 관계가 있습니다. 위에서부터 순서를 설명하면 인간의 목은 균등한 원기둥이 아니라 전면으로 향해 약간 튀어 나와 있습니다. 어깨와 쇄골을 잇는 라인부터 가슴 앞쪽 끝은 정삼각형으로 연결되게 되면 균등하고 아름답게 보이며 등뼈는 등줄기를 편 상태에서는 커다란 S자를 그리고 있습니다. 이 등뼈와 견갑골이 균등한 라인으로 이어져 있으면 등도 아름답게 보입니다. 허리의 라인은 조골이 튀어나온 곳부터 골반이 드러난 곳까지 연결되는 라인으로, 명치와 허리 전면으로 그 튀어 나온 것을 확인할 수 있습니다. 제작에 있어서는 약간 강조할 생각으로 조형하는 방식이 좋을 것입니다.

←대표적인 부분은 등뼈의 S자, 목, 견갑골과 등뼈, 어깨와 가슴의 라인, 허리의 라인, 조골과 골반의 튀어나온 부분. 체내의 뼈라고 해도 딱 느낌이 오지 않을지도 모르겠습니다만, 이 이미지가 있는가 없는가로 피규어로서의 완성도가 크게 변합니다.

PART 4 ▶인체를 만들어 보자

프로포션을 바꾼다

「포즈를 검토한다」는 항목에서 면밀하게 진행한 포즈 변경의 검토입니다만, 제작 도중에 이미지가 변한다든지 하는 케이스가 많이 있습니다. 여기서는 몸이 어느 정도 만들어지고 난 뒤에 프로포션을 변경하는 방법을 해설합니다. 그러나 이 방법은 지금까지 제작한 전체의 밸런스를 망가트려야만 하기 때문에 작업에 들어가기 전에 어느 부분을 수정할지를 면밀하게 체크해야만 합니다.

우선은 어느 부분을 변경하면 납득이 가는 프로포션이 될지를 검토합니다. 사진에서는 동체가 똑바로 되어 있어 인간이 등골을 펴고 있을 때 등뼈의 자연스러운 커브가 없기 때문에 부자연스러운 포즈가 되어 있습니다.

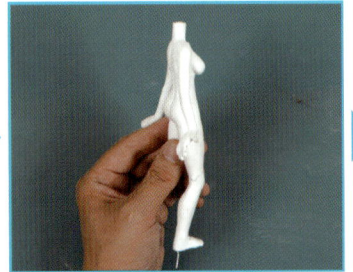

인간이 가슴을 폈을 때의 커브를 자연스럽게 내기 위해서 앞으로 쏠려있는 라인에서 가슴을 좀더 기울인 포즈로 변경하면 좋겠습니다.

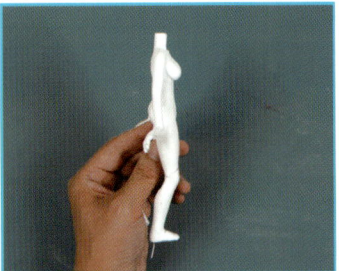

하반신의 라인은 양호하기 때문에 이대로 변경하지 않겠습니다. 천천히 생각해본 결과, 복부의 약간 위쪽을 절단하기로 결정했습니다.

석분점토는 건조가 끝나 경화가 되어도 부드럽긴 합니다만, 커다란 덩어리를 디자인 나이프로 절단하는 것은 굉장히 어렵습니다. 커다란 형상을 변경할 경우에는 줄톱 같이 작은 톱을 사용합시다.

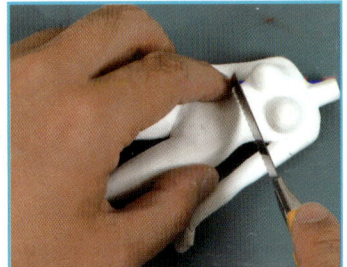

우선은 배쪽부터 날을 넣습니다. 철사로 만든 골격은 축으로 남아 있기 때문에 철사에 닿을 때까지 톱으로 잘라줍니다.

한 방향에서는 절단이 안 되기 때문에 등쪽에서도 톱질을 합니다. 옆에서도 톱질을 합니다만, 가슴에 영향이 있기 때문에 주의해서 작업합시다.

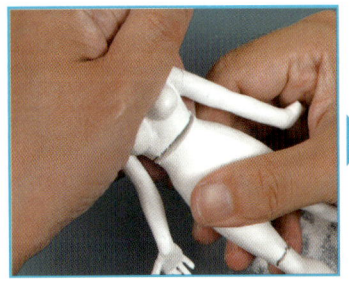

철사 골격이 남아있도록, 사방을 잘라냅니다. 그 상태에서 포즈를 변경합니다. 그대로는 잘라낸 부분의 위와 아래가 부딪히기 때문에 위아래로 잡아 끌어 꼬아준 철사를 늘려줍니다.

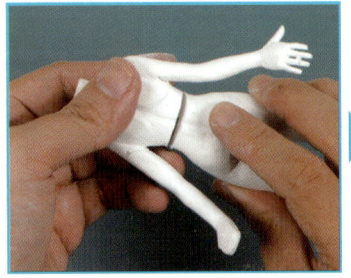

석분점토의 경화가 끝난 다음이기 때문에 어느 정도, 힘이 드는 작업입니다. 엉뚱한 부위를 부수지 않도록 주의해서 작업을 진행합시다.

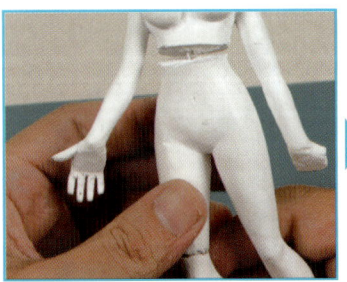

조금 틈이 생겼습니다. 철사를 꼬아 만든 골격을 억지로 늘린 모양이 되기 때문에 그 늘어난 상태를 보고 작업하면서 힘 조절을 해 줍시다.

How to Make Figure 인체를 만들어보자 PART 4

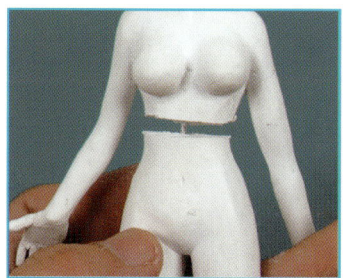

포즈가 변경되는 상태에 따라 다릅니다만, 이번 수정에는 최종적으로 이 정도의 스페이스가 발생하였습니다.

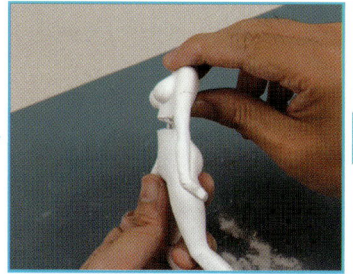

상반신을 젖히듯 굽힙니다. 잘라낸 부분이 부채꼴이 되기 때문에 휘어진 정도가 크면 클수록 넓은 틈이 필요해집니다.

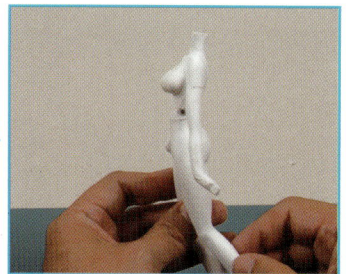

옆에서 보면 등뼈가 휜 정도를 알 수 있습니다. 최종적으로는 사진 정도로 굽혀주는 것이 가슴을 편 포즈의 자연스러운 커브를 재현할 수 있습니다.

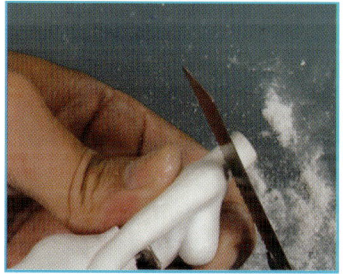

각도를 변경한 것은 등뼈뿐입니다. 가슴을 젖히는 것으로 인해 목이 뒤로 너무 젖혀져 있어 이상한 각도가 되어버렸습니다. 그래서 다음은 목의 각도를 수정합니다.

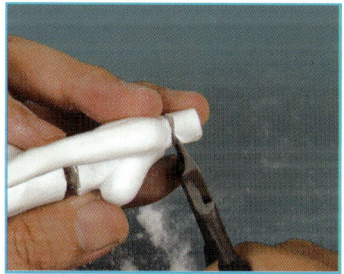

기본적으로는 동체와 마찬가지로 톱질로 절단하지만, 목처럼 가느다란 부분의 수정을 할 때에는 톱으로 홈을 파주고 니퍼로 절단하면 시간을 단축할 수 있습니다.

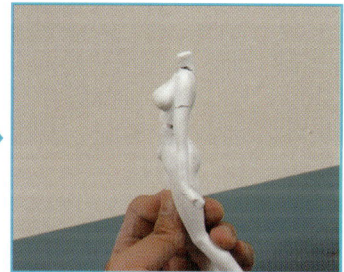

목의 각도를 전방으로 기울이듯 조절하였습니다. 전신이 더욱 자연스럽게 되었습니다. 이 방법은 상당히 귀찮고, 지금까지의 공정으로 만들어진 부분도 한번 부숴야 하기 때문에 역시 처음 포즈를 잡을 때 검토를 철저히 해야 합니다.

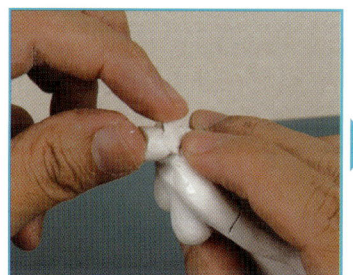

절단된 각도를 바꾸는 것으로 인해 생긴 커다란 틈에 적정량의 석분점토를 덧붙여 줍니다. 절단면에 물을 묻혀 주변과 융화시켜주는 것을 잊지 맙시다.

목 주위에도 석분점토를 채워줍시다. 이 공정에 의해 전면부의 조형이나 쇄골 등의 디테일도 망가지고 맙니다. 다시 새로 만들 필요가 있겠죠.

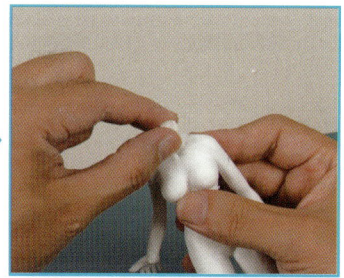

절단에 의해 목의 방향이 변했기 때문에 신경을 써야 합니다. 깨달았다면 석분점토가 건조되기 전에 확실히 고쳐줍시다.

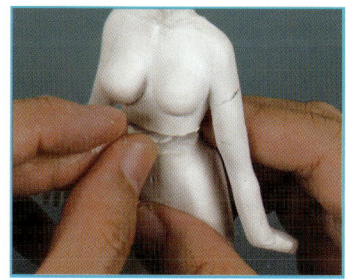

다음으로 가슴의 절단면에 석분점토를 채워갑니다. 골격을 감싸듯이 석분점토 덩어리를 틈에 밀어 넣습니다.

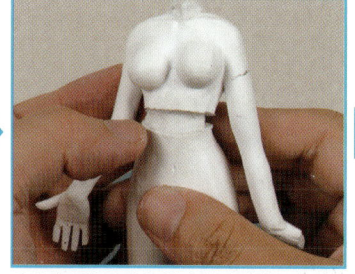

석분점토를 두껍게 붙이면 경화되는데 시간이 너무 많이 걸립니다. 한번에 틈을 메우는 것이 아니라, 조금씩 건조시키면서 덧붙여 갑시다.

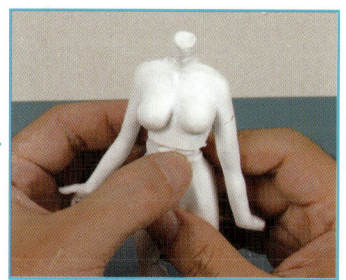

틈이 작아졌다면 소량씩 덧붙여 조절합시다. 너무 덧붙인 경우에는 스파츌러 같은 것으로 여분의 석분점토를 떼어냅시다.

피규어의 달인 53

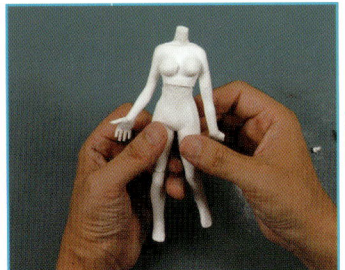

가슴의 절단면을 다 메웠습니다. 보디라인이 무너지지 않을 정도로 끝내두었으며, 표면처리와 맞춰 최종적으로 조정해 줍시다.

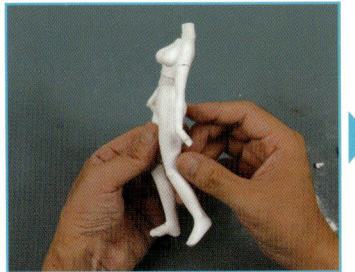

채우는 비결은, 이미 만들어진 파츠의 라인으로부터 채운 석분점토의 라인이 튀어나오지 않도록 마무리하는 것입니다. 다소의 차이는 다음 공정에서 조절합니다.

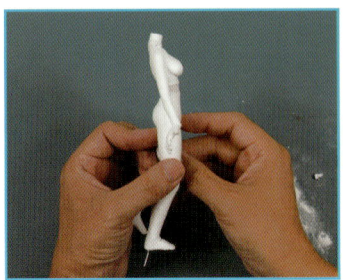

프로포션 변경에 의해 이상해진 장소가 없는지 확인합니다. 등, 엉덩이까지의 라인이 더 자연스러워진 것을 알 수 있습니다.

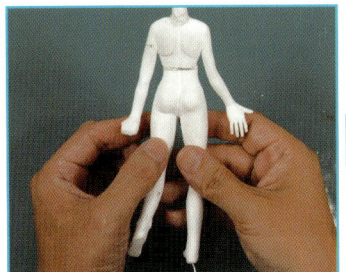

뒤에서도 확인합니다. 등뼈의 근육 등, 절단한 것에 의해 없어지고 만 디테일이 있는 것을 알 수 있습니다. 이것을 수정합시다. 수정이 필요한 장소는 잊지 않도록 체크해 둡니다.

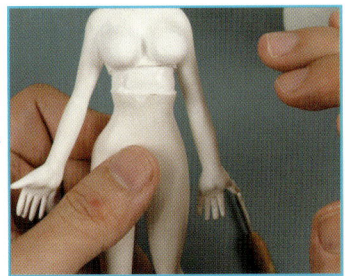

절단한 부분의 미세 조정을 합니다. 우선은 석분점토를 붙인 부분을 물로 확실히 이어지도록 만듭니다.

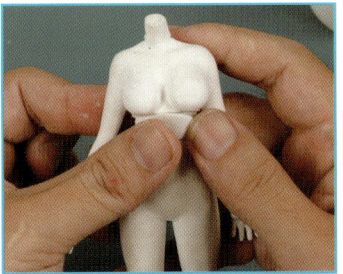

볼륨이 부족한 부분에 소량의 석분점토를 붙입니다. 얇은 띠 모양으로 늘려 감듯이 붙여나가면 됩니다.

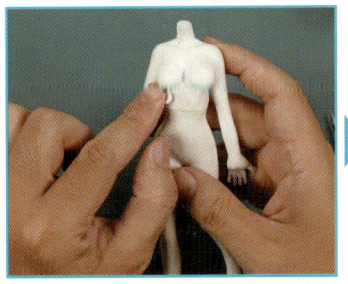

절단면의 귀퉁이 부분에는 틈 같은 것이 생기기 쉽기 때문에 더욱 소량의 석분점토를 채워줍니다.

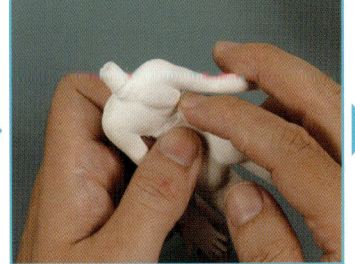

등쪽도 확실히 석분점토로 메워갑니다. 소량의 석분점토로 끝날 것 같으면 손가락으로 펼쳐서 표면을 잘 맞춰주면서 작업하면 됩니다.

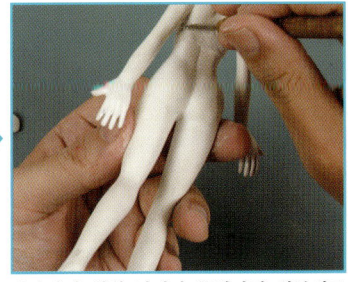

절단면에 채워 넣기가 끝났다면 석분점토를 잘 건조시킵니다. 건조 후에는 지금까지의 공정과 마찬가지로 표면처리를 실시합니다.

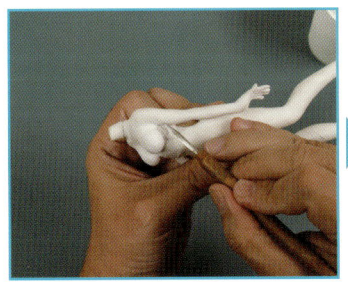

앞 공정에서 기껏 만든 옆 라인이 메워져 버렸습니다. 절단한 부분 주변에는 반드시 작업이 필요한 부분이 있기 때문에 세밀하게 수정합니다.

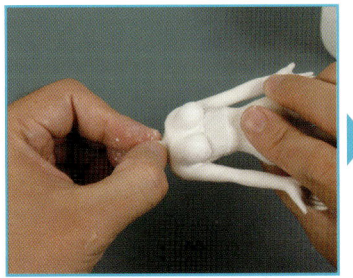

프로포션 변경에 의한 절단면의 처리가 끝났습니다. 이제부터는 사포질로 표면을 완만하게 만들어 줍니다.

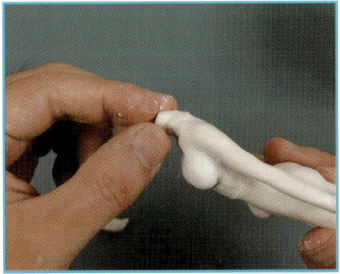

석분점토는 건조 후에 구멍(덧붙였을 때보다 들어간 부분)이 생기는 경우가 있습니다. 특히 절단부분을 처리한 뒤에는 주의가 필요합니다. 이번 예시에서는 목에 구멍이 보였기 때문에 다시 석분점토를 덧붙여 주었습니다.

| PART 4 | ▶인체를 만들어 보자 |

수영복을 만든다

수영복은 가장 간단한 의복이며, 그 중에서도 가장 인체의 라인(특히 여성)이 잘 보이는 비키니 타입의 수영복을 모델에게 입혀 보았습니다. 다음 공정에서는 이 수영복을 만들고 장착시키게 됩니다. 여기서 두껍게 점토를 붙여 수영복을 만들면 옷감의 감촉이 얇아지고 신체의 라인도 손상되고 말기 때문에 주의가 필요합니다.

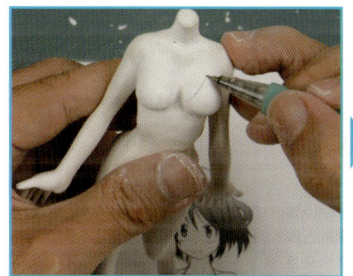

우선 일러스트를 참고해서 샤프로 동체에 직접 수영복 밑그림을 그려 넣습니다. 곡면에 그리는 것이므로 조금 어렵습니다만, 천천히 신중하게 그립니다.

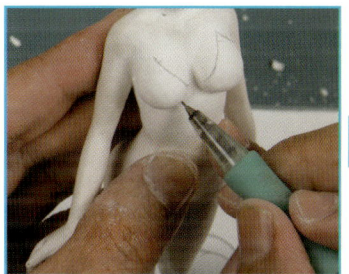

바스트의 컵 상부에 이어, 컵 하부에도 수영복의 아웃라인을 그려 넣습니다.

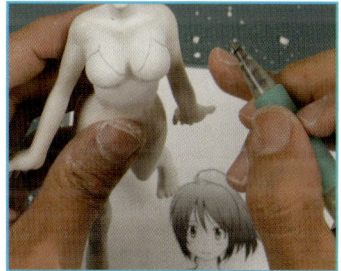

좌우 대칭이 될 수 있도록, 주의를 기울여서 그려 넣습니다. 샤프로 작업하기 때문에 실패한 경우에는 지우개로 지워줍시다. 어깨와 등의 끈은 다음 공정에서 제작합니다.

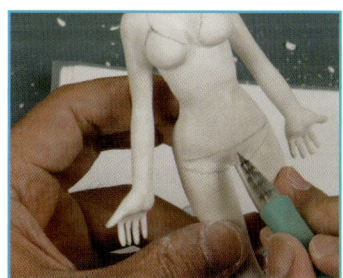

상반신이 끝나면 하반신의 팬티를 그려줍시다. 엉덩이 쪽도 잊지 맙시다.

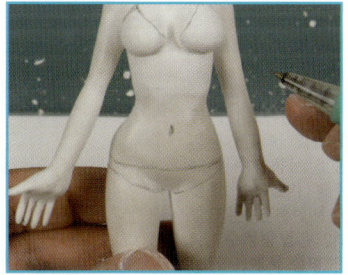

일러스트를 확실히 참고하여 밑그림을 그려줍니다.

수영복은 천 부분을 석분점토로 만듭니다. 우선은 소량의 석분점토를 얇게 폅니다. 두꺼워지면 모처럼 만든 보디라인이 무너지기 때문에 가능한 한 얇게 만듭시다.

얇게 늘린 석분점토를 밑그림에 맞춰 붙여줍니다. 너무 면적이 넓으면 표면처리에 수고가 많이 들기 때문에 남은 끝부분은 건조 전에 커트해줍니다. 물을 사용해 주변과 맞춰주는 것도 잊지 맙시다.

수영복을 붙인 다음엔 석분점토가 건조되기 전에 먼저 그려놓은 수영복 밑그림에 맞춰 커트합니다.

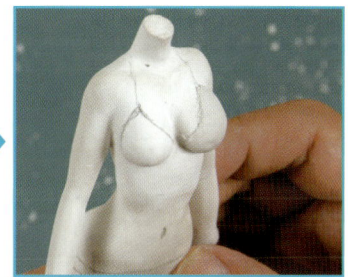

일단 왼쪽에 붙이기가 종료되었습니다. 좌우로 같은 작업을 해줍니다. 수영복 끝부분은 어느 정도 두껍게 남겨두어 살갗과의 차이를 알 수 있게 해둡니다.

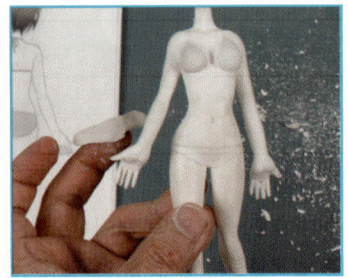
상반신이 끝나면 다음은 하반신으로 옮겨갑니다. 기본적으로는 같은 작업이 되겠습니다. 석분점토를 허리 양쪽에 끝이 맞닿도록 길게 늘리고 가늘게, 그리고 얇게 펼칩니다.

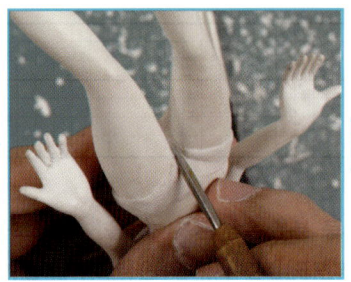
얇게 늘린 석분점토를 하반신에 붙입니다. 고간의 들어간 부분에도 확실히 붙이기 때문에 앞서 말한 세밀한 공구로 정리하는 것을 추천합니다.

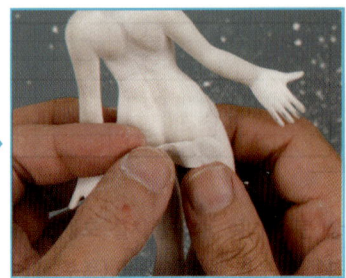
앞쪽과 마찬가지로 얇게 펼친 석분점토를 엉덩이 쪽에 붙입니다.

엉덩이 쪽은 기복이 심하기 때문에 물로 확실히 융합시켜 줍시다.

허리 쪽에 붙이는 것도 물로 확실히 융합시켜 줍시다.

고간에 닿는 천은 앞뒤의 석분점토를 늘려서 이어줍니다. 좁은 장소이기 때문에 앞의 세밀한 공구를 사용하는 것이 좋을 것입니다.

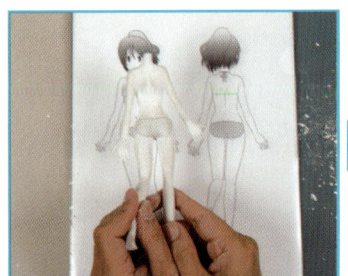
앞 공정에서 그린 밑그림과 대조해 가면서 수영복에서 여분인 부분을 잘라내 줍니다. 또한 일러스트도 참조합시다.

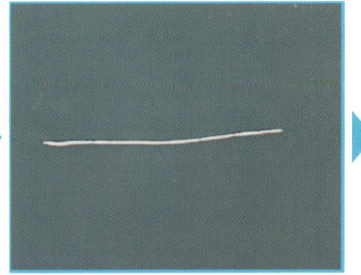
석분점토를 받침대 위에서 밀어 끈을 제작합니다. 일정한 길이로 굴려서 될 수 있는 한 균일하도록 만듭니다. 될 수 있는 한 가늘게 만들고 싶습니다만, 강도에도 신경을 씁시다.

등쪽 끝 부분은 석분점토로 만든 가느다란 끈을 사용합니다.

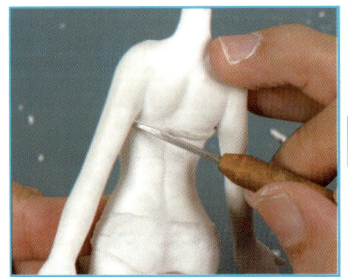
끈으로 쓴 석분점토를 등뒤에 붙입니다. 세밀한 부분이기 때문에 앞에서 말한 세세한 공구를 사용하여 확실하게 붙여줍시다. 형태가 무너지지 않도록 주의합시다.

석분점토가 건조되기 전, 등에 붙였을 적에 생긴 끈의 흐트러진 부분을 수정합니다.

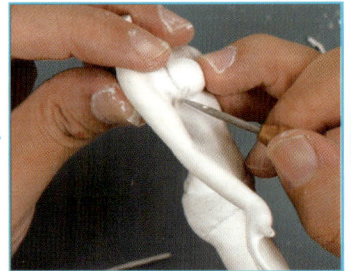
겨드랑이 아래를 지나 앞 공정에서 제작한 컵에 접착시킵니다. 도중에 끊어지지 않도록 세심한 주의를 기울여야 합니다.

How to Make Figure 인체를 만들어보자 PART 4

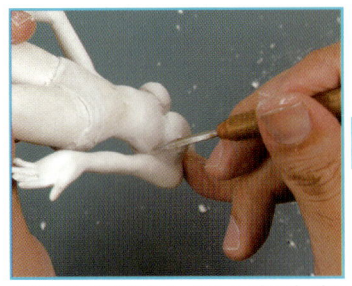

겨드랑이 아래의 좁은 부분은 뒤틀린 채로 굳어버리게 되면 수정이 굉장히 어렵기 때문에 건조시킬 때 한번에 작업해 둡시다. 틀어진 부분은 그때마다 수정합시다.

컵에 연결된 뒤 남은 여분의 끈은 디자인 나이프로 떼어냅니다.

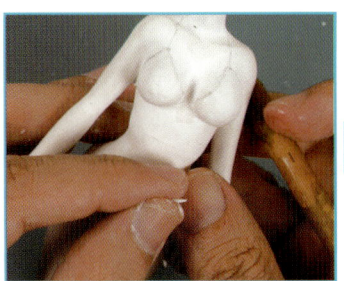

좌우의 컵을 연결하는 가슴의 계곡의 끈을 제작합니다. 등의 끈과 마찬가지로 석분점토로 만든 실을 사용합니다만, 사진처럼 매우 작습니다.

기본적으로는 등쪽 끈과 같은 작업입니다. 물로 잘 발라주면서 붙여줍니다. 일러스트를 참조하는 것도 잊으면 안 됩니다.

건조시키기 전에 등쪽 끈과 같이 뒤틀림의 수정, 여분을 떼어냅니다.

목에 걸 끈을 제작합니다. 마찬가지로 석분점토 끈을 만들어 지금까지의 공정과 마찬가지로 접착, 수정합니다.

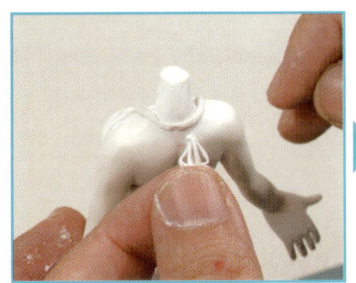

목 뒤에 매듭을 만듭니다. 끈으로 제작합시다. 실제 끈으로 나비매듭을 지어서 참고해 봅시다.

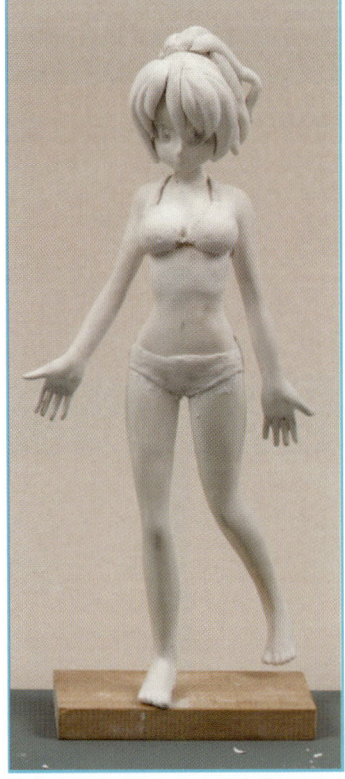
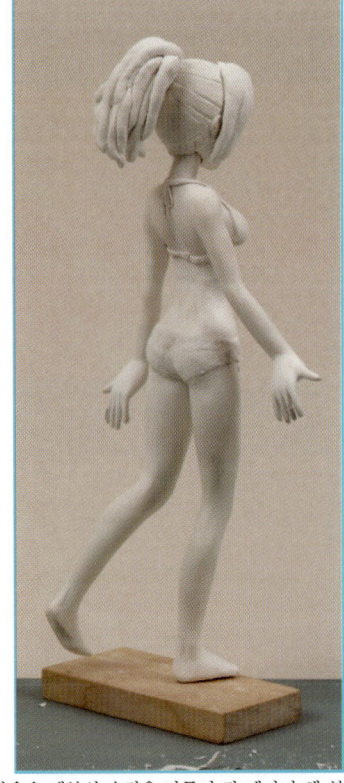

목에 건 끈에 매듭을 주면 일단 완성입니다. 다음은 세부의 수정을 납득이 갈 때까지 해 봅시다.

PART
5

머리 부분을
만들어 보자

머리의 제작방법

PART 5 ▶ 머리 부분을 만들어 보자

인형은 얼굴이 생명……이라는 말을 자주 합니다만, 그것은 피규어에 있어서도 사실입니다. 여기서는 그 「생명」인 얼굴을 제작해 보겠습니다. 실제의 인간과는 조금 달리, 독특한 밸런스로 되어 있는 애니메이션 피규어의 얼굴을 만드는 비결을, 한 공정씩 설명해 나가겠습니다. 우선은 석분점토를 만들고 싶은 얼굴 크기보다 조금 작고 둥글게 뭉쳐 건조시킵니다. 그것이 소위 「심」이 됩니다.

석분점토를 경단모양으로 둥글게 뭉쳐 심이 되는 플라스틱 봉에 꽂아 두부의 기초로 삼습니다. 완전히 경화 되는 데 시간이 걸리기 때문에, 조금씩 플라스틱 봉에 붙이고 건조시키며 심이 되는 덩어리를 만들어 나갑니다. 그리고 가장 먼저 얼굴의 중심이 되는 코의 위치를 정합니다.

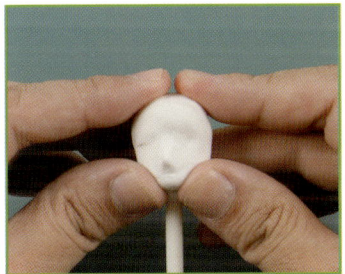

중심이 되는 코를 기준으로 삼아, 얼굴의 윤곽을 손가락을 사용해서 만들어갑니다. 이 다음 공정에서 깎아내서 모양을 잡아가기 때문에 완성되었을 때의 크기보다 조금 크게 만들어 주도록 작업합니다.

모양이 잡힌 코의 양쪽에 눈과 눈썹 위치가 될 부분을 손가락 끝으로 눌러 오목하게 만들어 줍니다. 힘을 너무 주면 얼굴 전체가 뒤틀려버리기 때문에 주의합시다.

정면에서 본 얼굴 라인이 대강 만들어졌다면 옆모습의 모양을 잡아갑니다. 귀의 위치(눈의 바로 옆)를 정한 뒤, 턱에서 하관(턱의 양쪽 아랫부분)이 되는 얼굴의 옆면 라인을 정리합니다.

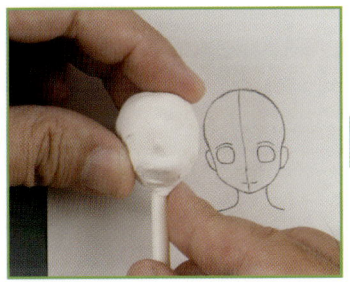

디자인 일러스트를 기초로 하여 그 골격이 되는 윤곽선을 그려갑니다. 일러스트보다도 선이 적은 이유는 모양을 확인하는 것이 목적이기 때문입니다. 밑그림과 비교해보면서 얼굴 형태의 밸런스를 확인합시다.

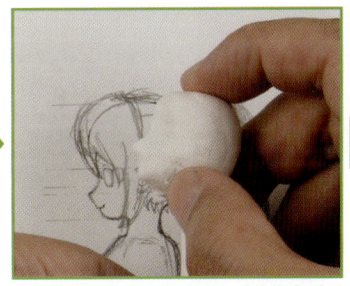

마찬가지로 옆얼굴의 라인도 디자인과 비교하여 밸런스를 체크합니다. 여기서 확인하여 문제가 없다면 하루 이상 건조시켜 완전 경화시킵니다.

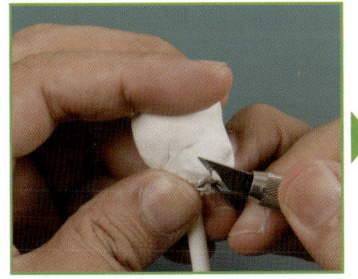

건조되었다면 얼굴의 중심이 되는 코를 기준으로 하여 **뺨**의 라인을 대강 파 들어갑니다. 커다랗게 조형해 둔 코도 작게 깎아갑니다.

앞에서 보았을 때에 얼굴의 윤곽을 만들어 주는, 귀에서 아래로 그리고 턱까지 이어지는 하나의 라인을 깎아냅니다. 크게 깎지 말고 조금씩 모양을 확인하면서 깎는 것이 비결입니다.

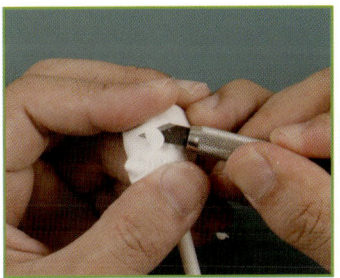

귀의 위로부터 정수리(턱 높이로 얼굴을 한 바퀴 돌았을 때 그 맞은편이 되는 부분)로 이어지는 라인을 파내 줍니다. 눈과 눈썹의 튀어나온 부분에도 관계가 있기 때문에 라인이 이어지는 방식을 의식하며 주의 깊게 깎아냅시다.

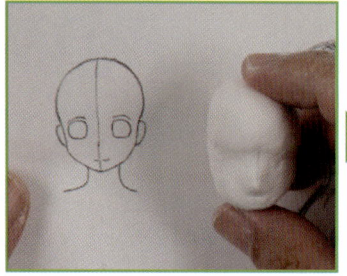
대강 모양을 파냈다면, 밑그림과 비교해서 밸런스를 확인합니다. 너무 깎아낸 부분에는 석분점토를 소량 붙여서, 건조되면 수정합니다.

마찬가지로 옆에서 본 얼굴 라인도 밑그림과 비교합니다. 이 단계에서 밑그림과 딱 맞는 모양이 되는 것은 아니고 볼륨과 대강의 라인이 맞는지 어떤지를 확인하는 것이 중요합니다.

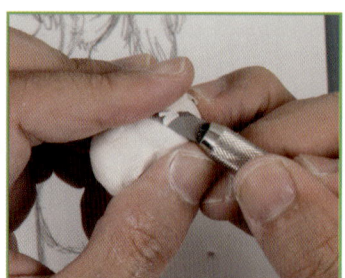
석분점토는 경화 후에도 부드럽기 때문에 디자인 나이프 같은 것의 날로 너무 깊게 파내지 않도록 아예 왼손가락을 대고 힘을 주지 않고 깎아냅니다.

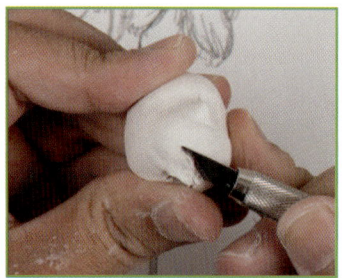
얼굴의 모양을 파낼 때는 바깥쪽, 다시 말해 윤곽을 형성하는 라인부터 만들어 나갑니다. 우선은 턱 라인을 깎아냅니다.

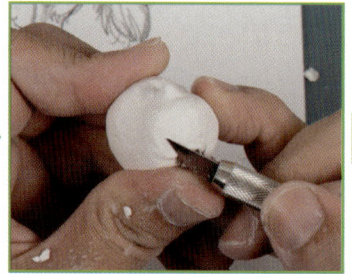
턱 아래쪽에서 하관으로 이어지는 부분을 파냅니다. 이 라인이 정면에서 본 경우 얼굴의 윤곽—턱선이 됩니다.

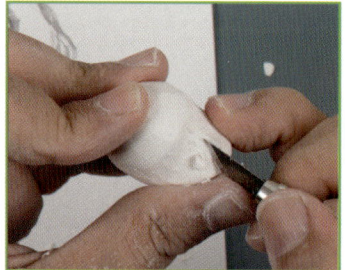
코를 양쪽에서 파내어 코의 모양을 냅니다. 얼굴의 중심선이 되는 중요한 부분이기 때문에 턱 끝과 일직선이 되도록 위치관계에 유의해서 깎아냅시다.

눈이 있는 오목한 곳부터 뺨으로 이어지는 라인을 파냅니다. 뺨의 라인은 대각선으로 보았을 때 얼굴의 윤곽선이 됩니다.

전체를 조금씩 대강 깎아내고 덜 깎인 부분은 조금씩 깎아 조정합니다. 여기서는 턱 아래를 깎아냈습니다.

깎아내는 것이 완료되었습니다. 아웃라인이 밑그림과 일치하는지 어떤지 확실히 확인합니다. 납득이 가는 라인이 될 때까지 몇 번이고 조정합니다.

180번이나 240번 같이 결이 거친 사포로 튀어나온 디자인 나이프의 자국을 매끄럽게 만듭니다. 같은 장소만 너무 깎아내지 않도록 주의합시다.

이 작업으로 대강의 형태를 낼 생각으로, 우선은 얼굴 바깥면의 윤곽선부터 깎아냅니다. 턱끝부터 하관을 향해 깎아냅니다.

뺨의 라인에 둥글고 부드럽게 사포질을 합니다. 너무 긁어내지 않도록 깎아낸 상태를 확인하면서 조금씩 깎아냅니다.

How to Make Figure | 머리 부분을 만들어 보자 | PART 5

나이프로 깎아내기는 했습니다만, 머리는 석분점토를 붙여둔 채이기 때문에 표면이 울퉁불퉁합니다. 여기서 둥글고 매끄럽게 되도록 사포질을 합시다.

정면에서 얼굴의 좌우 밸런스를 확인하면서 턱 라인을 사포로 깎아내 조절합니다.

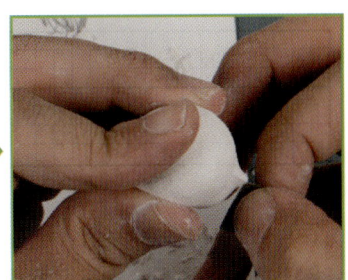

사포로 깎아서 코의 모양을 냅니다. 조금 뾰족한 부분이 되기 때문에 빠짐없이 주의해서 작업합니다.

콧날(미간에서 코 사이에 이르는 중앙의 튀어나온 라인)에서 이마로 이어지는 라인을 깎아냅니다. 동시에, 눈의 오목한 부분의 라인도 깎아줍시다. 깎여나간 상태를 조금씩 확인하면서 조심스럽게 작업을 진행합니다.

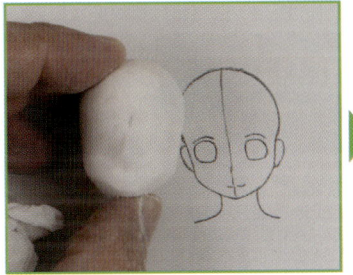

사포로 깎아내서 모양을 잡았다면 밑그림과 비교합니다. 이 다음 공정에서 코나 눈을 만들어 주기 때문에 여기서는 아웃라인이 결정되면 OK입니다.

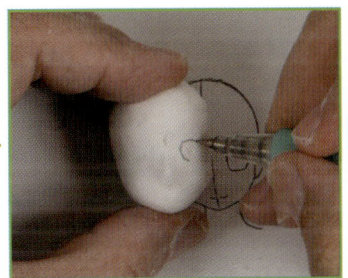

눈의 오목한 부분(몰드)을 깎아내기 위해서 가이드라인이 필요해집니다. 밑그림을 보면서 샤프로 눈 전체에 아웃라인을 그려줍니다.

양쪽 눈을 그렸다면 밑그림과 대조하면서 모양을 확인합니다. 이때에 거울에 비춰 확인하면 비뚤어진 부분을 알 수 있기 때문에 그 방법을 추천합니다.

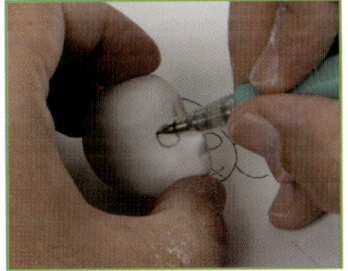

오른쪽 눈의 모양이 찌그러졌기 때문에 수정합니다. 완전히 좌우대칭이 되지 않더라도 상관없습니다만, 원본 그림의 분위기에 가깝도록 해야 합니다.

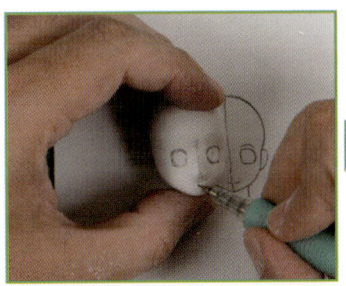

코의 라인을 중심으로 해서 얼굴의 정 중앙을 지나는 직선, 흔히 중심선이라 말하는 것을 긋습니다. 눈을 그리기 전에 그려두어도 상관없습니다.

중심선을 기준으로 해서 다시 한번, 얼굴 전체의 라인이 뒤틀려있는지, 눈의 위치, 코의 크기 같은 것의 균형을 확인합시다.

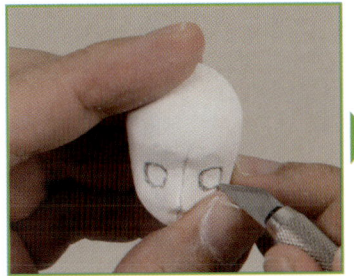

눈의 오목한 부분을 파내 줍니다. 우선은 샤프로 그려 넣은 밑그림 선을 따라서, 디자인 나이프로 눈 주위의 라인을 그리듯 잘라냅니다.

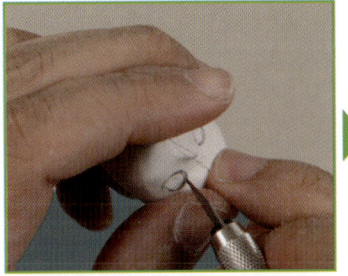

한번에 잘라내는 것이 아니라 머리를 든 각도를 바꿔가면서 서서히 눈 주위를 디자인 나이프로 한 바퀴 돌리듯이 잘라줍시다.

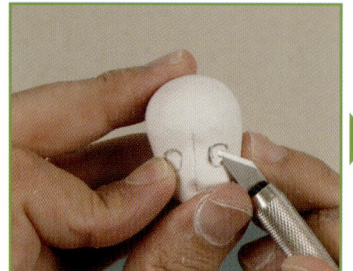

잘라낸 깊이에 맞춰 눈의 중심부터 바깥쪽을 향해 디자인 나이프를 찔러 넣어 눈의 오목한 부분을 파냅니다.

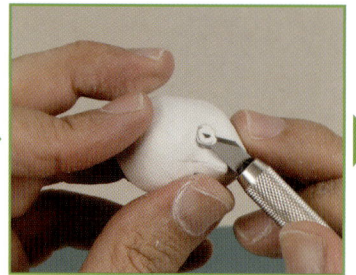

나이프를 움직이기보다도 얼굴 쪽을 회전시키면서 파내는 것이 작업이 쉬워집니다. 들어간 깊이는 될 수 있는 한 일정하게 파내줍시다.

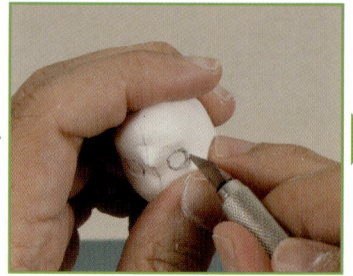

오른쪽 눈의 경우와 마찬가지로 파내 줍니다. 왼쪽 눈 때에는 천지(얼굴의 상하)를 거꾸로 하면 작업하기 쉽습니다.

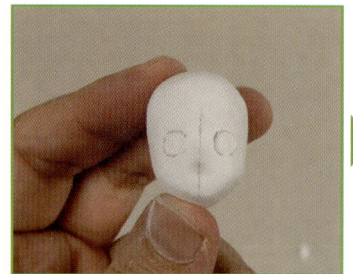

눈의 오목한 부분을 다 파냈습니다. 밑그림과 비교하고 거기에 거울로 비춰보면서 뒤틀림이 없는지를 확인합시다.

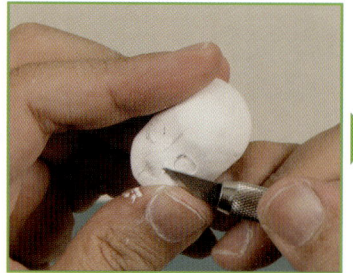

코의 모양을 깎아냅니다. 우선은 콧방울 부분부터, 좌우의 폭을 좁혀가며 깎아줍시다. 옆얼굴의 아웃라인을 무너트리지 않도록 주의합시다.

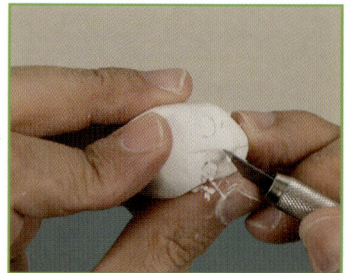

눈두덩에서 콧방울을 향해 코 전체의 모양을 파냅니다. 준비한 디자인 일러스트뿐만 아니라 기존의 피규어 같은 것을 참고로 해서 좋아하는 모양을 내 줍시다.

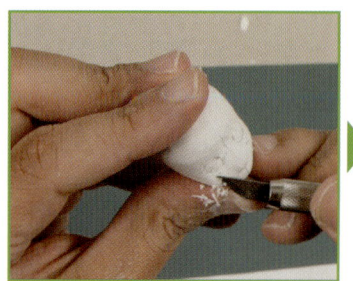

눈 아래에서 부풀어오르듯이 이어지는 뺨의 라인을 깎아냅니다. 조금씩 깎아내고 여러 가지 각도에서 확인한 다음에 다시 작업을 진행합시다.

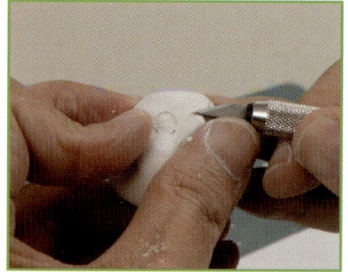

코밑부터 윗입술에 걸쳐 전방으로 튀어나온 라인을 만들어 줍니다. 옆얼굴의 밑그림을 참조하여 조금씩 파냅시다.

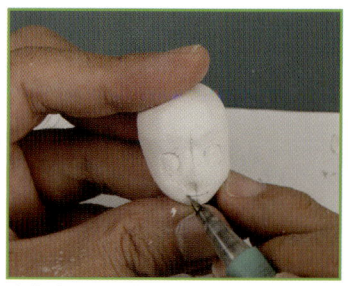

입이 되는 부분에 밑그림 라인을 그려 넣습니다. 원본 그림을 보고 입이 어떤 모양을 하고 있는지 잘 생각해 보는 것도 중요합니다.

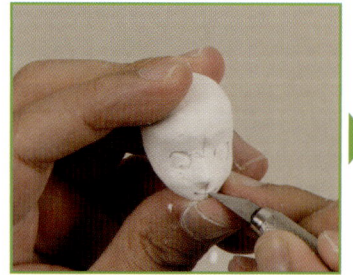

우선 입 주변 선(입술이 맞닿는 부분)을 따라서 디자인 나이프로 깎아냅니다. 입이 벌어진 상태인 것을 만들 때는 눈과 마찬가지로 파냅니다.

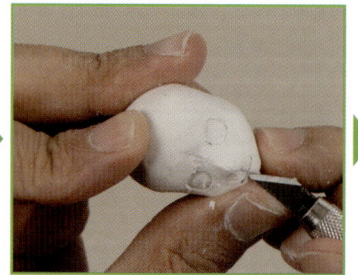

최초에 잘라낼 때와는 각도를 바꿔서, 반대쪽부터 잘라냅니다. V자로 들어간 부분을 파내는 기분으로 작업합시다.

입은 아무리 닫혀있는 경우라도 입술부분만큼은 조금 틈이 생깁니다. 여기서 전체의 균형을 확인합시다.

How to Make Figure / 머리 부분을 만들어 보자 / PART 5

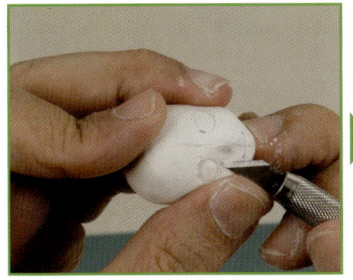

부풀어 오른 뺨은 콧방울을 향해 조금씩 들어간 라인이 되는 것이기 때문에 그 부분을 깎아내 줍니다.

눈, 코, 입과 얼굴의 요소가 모인 단계에서 코의 라인을 정하며 전체적으로 완만하게 만들기 위해 사포질을 해줍니다. 여기서도 힘을 너무 주지 않도록 신경을 씁시다. 사포는 240~320번을 사용합니다.

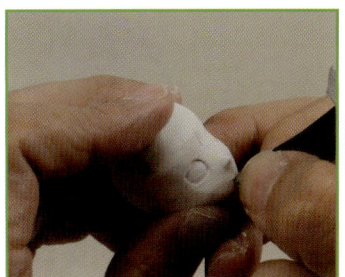

사포로 조금 전에 만든 입의 들어간 부분 (입술 사이)의 안쪽을 신중하게 사포질해줍니다. 사포를 접은 귀퉁이를 사용해서 깎아내면 쉽게 작업할 수 있습니다.

윗입술과 아랫입술의 각진 부분(나이프로 깎아낸 채로 튀어나온 부분)을 깎아내어 입술의 둥근 느낌을 만들어 줍니다. 너무 깎아내서 입 틈이 벌어지지 않도록 주의합시다.

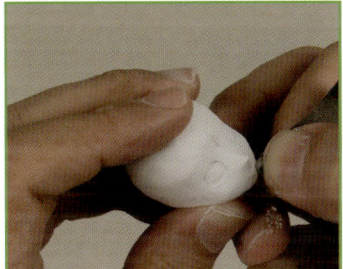

입 주위를 사포로 깎아내고 입술을 향해서 완만한 선의 라인을 깎아냅니다. 아랫입술과 턱 사이에는 들어간 부분을 만들어 줍니다.

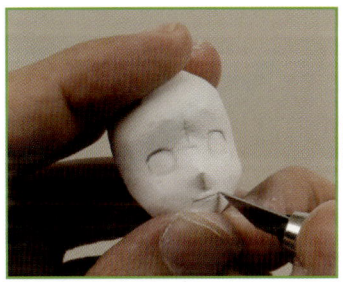

입아귀(입의 끝부분)를 파내어 이미지를 결정합니다. 디자인화에서는 입아귀가 위로 올라가 귀여운 모습이기 때문에 그것을 재현하도록 의식합니다.

디자인 일러스트를 참고로 해서 눈을 그려줍니다. 밸런스를 확인하면서 최종적으로 완성된 상황을 이미지 하기 위해서입니다.

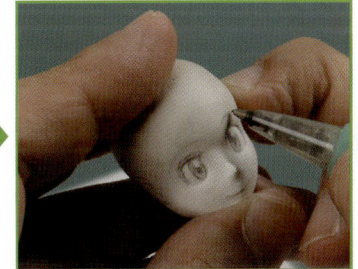

눈썹도 그려줍니다. 이 라인 하나로 피규어의 분위기가 크게 변하기 때문에 주의 깊게 작업합시다. 눈썹을 그려 넣는 것이 아니라 주위를 깎아내 입체적으로 만들 경우도 있습니다.

샤프로 그려 넣었는데, 마음에 들지 않는다면 몇 번이고 새로 그립니다. 완성형을 이미지 하면 자신의 모티베이션이 됩니다.

밑그림과 비교해서 얼굴 전체의 밸런스를 확인합니다. 또한 거울에 비춰봐서 일그러지지 않았는지, 또 한번 확인합시다.

디자인 일러스트와 비교해서 분위기가 비슷한지 어떤지, 자신이 생각한 대로의 표정이 되었는지를 확인합니다.

POINT
귀의 데포르메

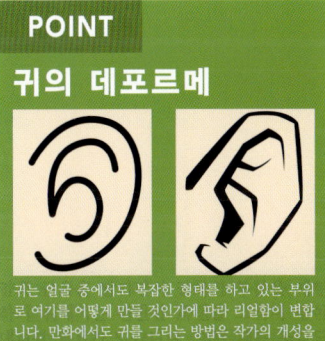

귀는 얼굴 중에서도 복잡한 형태를 하고 있는 부위로 여기를 어떻게 만들 것인가에 따라 리얼함이 변합니다. 만화에서도 귀를 그리는 방법은 작가의 개성을 드러냅니다. 만들고 싶은 피규어의 디자인이 어느 정도로 리얼한지를 잘 생각해 봅시다.

피규어의 달인 63

옆얼굴의 데생화와 비교해서 귀의 위치를 결정합니다. 귀는 눈의 거의 바로 옆에 있기 때문에 샤프로 밑그림을 그려둡니다.

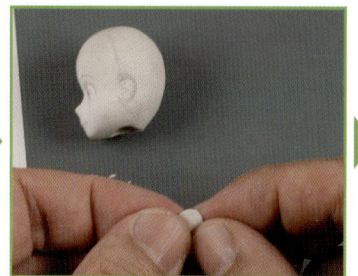

귀의 기초가 되는 부분을 만듭니다. 우선 석분점토를 소량 손에 쥐고 잘 반죽해 작업하기 쉽게 만듭니다. 너무 작은 것보다는 마음먹고 약간 크게 잡아둡니다.

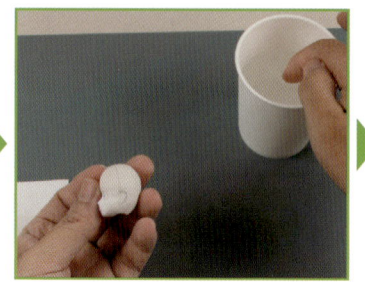

머리는 건조되어 있기 때문에 귀와 같이 추가로 신규 위치를 조형하기 위해서는 물을 접착제 대용으로 발라주어야 합니다. 물은 컵 같은 것에 넣어서 사용하는 것이 편리합니다. 우선, 극소량의 물을 손가락 끝에 바릅니다.

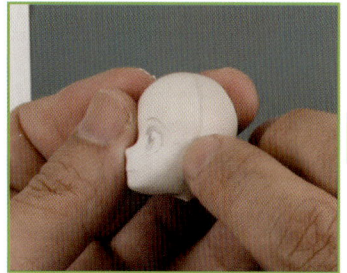

손가락 끝에 묻은 약간의 물을, 머리부분의 귀에 해당하는 부분에 발라주어 표면이 약간 끈적거리도록 해줍니다. 다른 건조된 부분에 물이 들어가지 않도록 주의합시다.

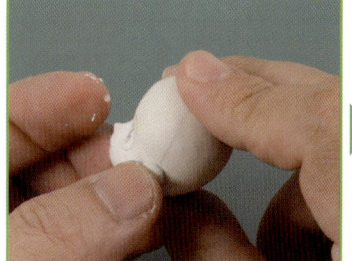

앞서 만든 석분점토의 덩어리를, 귀 위치에 붙여줍니다. 끈적거리는 부분에 눌러 붙이는 것만으로 확실히 잘 붙습니다.

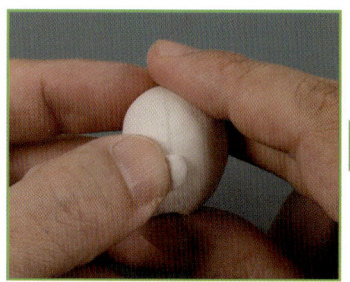

귀 앞쪽(얼굴의 정면방향) 부분을 손가락 끝으로 눌러 붙여 오목하게 만들어 귀의 단면이 쐐기 모양이 되도록 합니다. 그저 경단모양이었던 석분점토 덩어리가 귀 같은 모양이 되어갑니다.

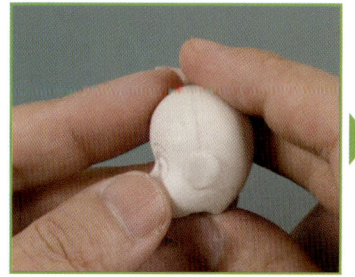

아직 귀가 될 부분의 전체적인 모양은 둥급니다만, 전방을 오목하게 만들어 주면 분위기가 납니다. 여기서 귀 모양을 세밀하게 조형해 줍시다.

대강 귀의 아웃라인을 만들어 줍니다. 여분의 석분점토를 떼어내듯이 귀의 모양을 정리합니다. 귀의 뒷부분은 직접 만든 주걱이나 스파츌러를 사용해서 잘 붙도록 눌러줍니다.

귓구멍이 될 부분은 당연히 오목하게 만들어 줍니다. 주걱이나 스파츌러를 사용해서 가장 깊은 부분을 밀어 넣어 만들어줍니다. 이때, 귀의 앞쪽과 측두부를 잘 붙여줍니다.

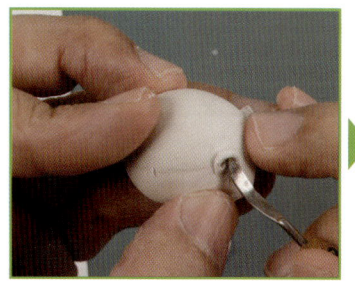

스파츌러의 끝부분의 커브를 이용해서 귀 안쪽의 오목한 부분을 만들어 갑니다. 귀의 모양은 복잡하기 때문에 평소부터 사진이나 실물 같은 것을 보고 귀의 모양을 잘 연구해 두는 것이 중요합니다.

귀의 조형이 끝난 단계에서 머리 전체의 밸런스가 무너지지 않았는지, 머리에 비해 크기는 이상하지 않은가, 위치는 맞는지 등등을 확인합니다.

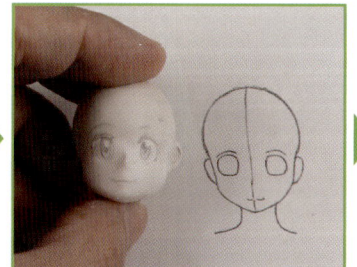

마찬가지로 정면에서 본 경우, 귀가 어떻게 보이는지도 확인합니다. 이 다음 머리카락을 붙일 것도 고려해서 크기를 결정합시다.

How to Make Figure　　머리 부분을 만들어 보자　　PART 5

마찬가지로 반대쪽 귀도 제작합니다. 최초의 위치결정 단계에서 높이나 크기에 주의합시다. 이것도 거울에 비춰보며 작업하면 어긋남이나 크기 차이를 쉽게 알 수 있습니다.

뒤에서 보며 밸런스를 확인합니다. 머리카락을 붙여서 가릴 수 있는 부분입니다만, 확실히 확인해둬서 손해날 것은 없겠죠.

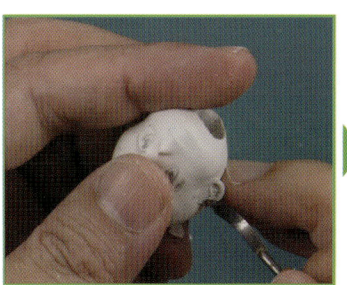

여기서는 미묘하게 좌우의 모양이 다르기 때문에 스파튤러로 세밀하게 조정합니다. 이 일련의 작업은, 석분점토가 굳기 전의 부드러운 상태에서 진행합니다.

의외로 중요한 것이 아래에서 본 귀의 위치 체크. 좌우의 균형이나 형태 같은 것을 알 수 있습니다. 여러 가지 각도에서 확인하지 않으면 좌우 대칭이 안 되기 때문에 주의가 필요합니다.

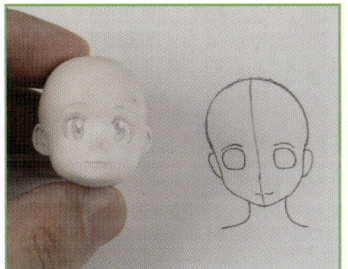

마지막으로 디자인화와 비교합니다. 귀가 붙어 있으면 인상이 변해 지금까지는 신경 쓰지 못했던 부분이 보이기 시작합니다.

마찬가지로 옆에서 본 형태로도 비교합니다. 특히 눈과 귀의 위치관계와 밸런스(높이와 거리, 얼굴 전체에서 점유하고 있는 크기 등)에는 주의합시다.

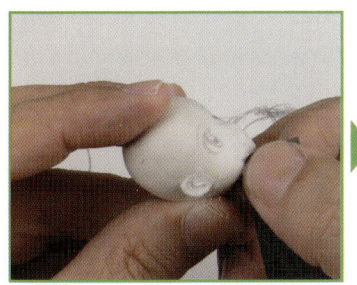

뺨의 부풀어오른 부분의 볼륨에서 좌우의 차이가 발견되었기 때문에 320번 정도의 사포로 깎아 조정했습니다. 사포는 쓸데없는 부분을 깎아내지 않도록 작게 잘라 사용합니다.

얼굴의 밸런스 조절은 미묘하기 때문에 아주 약간 깎아낸 다음 바로 라인을 확인하며 신중하게 작업을 진행합니다.

귀를 붙인 것으로 하관이 시작되는 위치가 명확해졌습니다. 지금까지 만들어온 라인과 모순이 생긴 경우에는 깎아내서 윤곽을 정리합니다.

디자인 나이프로 깎았다면 240번 정도의 사포로 표면을 매끄럽게 다듬어 곡면을 만들어 줍시다. 너무 깎아내지 않도록 주의하면서 매끄럽게 마무리합니다.

240번 사포로 요철을 제거했다면 320~600번 순서로 사포 결이 고운 것을 사용해 가면서 표면을 다듬어 줍시다. 1000번까지 사용할 필요는 없습니다.

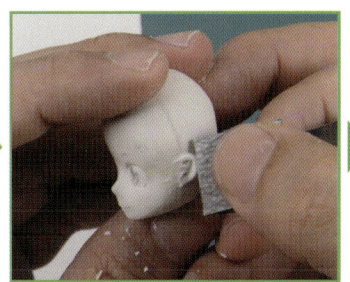

귀 부분이 건조되면 주걱이나 스파튤러로만 다듬은 상태인 귀의 뒷부분에 두 번 접은 사포를 넣어 매끄럽게 다듬어 줍시다.

피규어의 달인 65

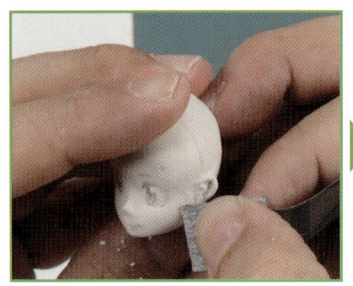 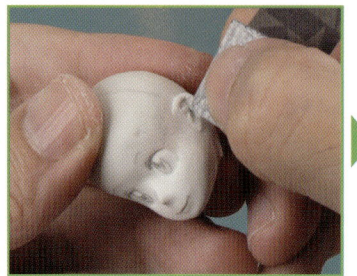 

얼굴의 측면에서 귀로 이어지는 부분도 주걱이나 스파츌러로만 다듬은 상태에서 사포질을 해서 매끄럽게 만들어 줍시다. 너무 깎아내지 않도록 부디 주의해 주세요.

귓구멍 안쪽으로도 가볍게 사포질을 해서 스파츌러 자국을 지워줍니다. 두 번 접은 사포의 끝 부분 같은 곳을 잘 사용해서 작업합시다.

만들어진 귀 부분입니다. 실물의 귀는 의외로 복잡한 모양을 하고 있습니다. 만화나 시판되는 피규어에서 데포르메(생략) 방법을 참고하며 제작하면 좋을 것입니다.

 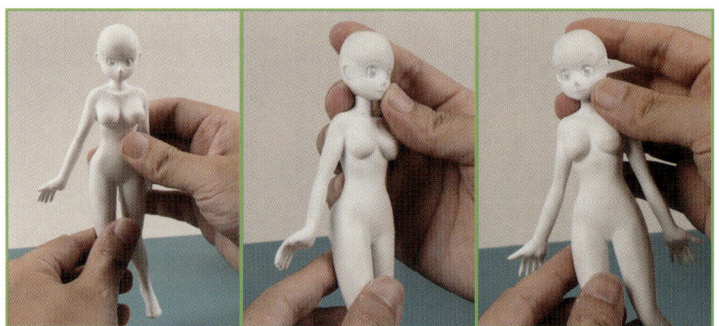

정면에서 보아도 얼굴 전체에 흠이 없으면 일단 완성입니다. 이 단계에서는 거울에 비춰보며 확인하는 등 밸런스체크를 반드시 해 줍시다.

여기까지 단계로 따로 작업하고 있던 동체와 맞춰보며 최종적인 완성형의 이미지에 가깝게 전체의 밸런스를 체크합시다. 목의 길이나 어깨 같은 곳부터, 머리카락에 제한이 될 부분도 있으므로 여러 가지 각도에서 확인해 보는 것이 중요합니다.

POINT 얼굴의 디자인과 윤곽선

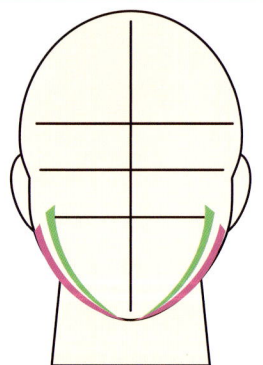 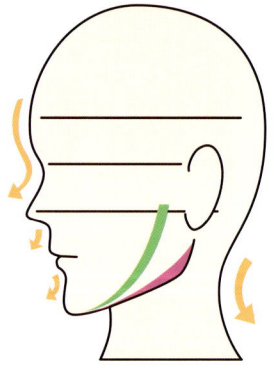 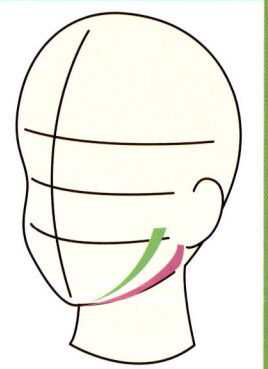

■ 턱선
■ 뺨

인형은 얼굴이 생명입니다. 반대로 얼굴이 잘 만들어 졌다면 80%는 성공인 것과 마찬가지……라고 할 정도는 아닙니다만, 얼굴이 소중한 부분이라는 것에 변함은 없습니다. 여기서는 얼굴을 만들 때에 주의해야 할 포인트를 그림을 통해 알아보도록 하겠습니다.

우선 정면 얼굴의 윤곽을 형성하고 있는 것은 하관이 있는 부분입니다. 대각선에서 본 경우, 윤곽선이 되는 것은 주로 뺨의 선이기 때문에 여기를 혼동하면 얼굴이 평면에 가까운 피규어가 되어 버립니다(디자인화에 따라 그것이 정답인 경우도 있습니다만) 옆얼굴과 정면 얼굴을 여러 차례 확인하면서 우선은 턱선을 만들고, 윤곽이 어느 정도 결정되었다면 뺨의 튀어나온 면을 만들어 가면 되겠습니다.

다음으로 옆얼굴에서 주목해 주셨으면 하는 것은, 귀의 위치입니다. 3개의 옆 선의 중앙이 눈 위치이기 때문에 귀라는 것은 눈보다 조금 낮은 정도, 뺨과 거의 비슷한 높이가 되며 코의 가장 높은 점과 같은 수평선에서 끝나게 됩니다. 귀는 이 높이와 크기를 기준으로 생각해 봅시다(눈이 큰 피규어 같은 경우에는 머리 전체에서 균형을 산출합시다).

이어서 코에서 입으로 이어지는 화살표를 봐 주십시오. 특히 입술의 존재는 큽니다. 애니메이션 그림에서는 입술이 생략되어 있습니다만, 이것을 의식하며 만들지 않으면, 입은 얼굴에 절단면을 넣은 형태가 되어 버립니다.

피규어화하는 대상(디자인화)에 따라서는 생략되거나 형태가 다른 경우도 있습니다만, 인체의 기본이 되는 「형태・물」을 알아두는 것은 입체조형에서는 중요한 일입니다.

PART 5 ▶머리 부분을 만들어 보자

머리카락을 만든다

한마디로 머리카락이라고 해도, 피규어의 머리모양에 따라 만드는 방법은 여러 가지입니다. 롱, 숏, 묶은 머리, 양갈래, 찐빵머리, 파마에 폭탄머리 등 머리모양의 수만큼 제작방법이 있다고 해도 좋을 것입니다. 여기서는 롱 헤어와 올린 머리 양쪽의 기술을 집약한 포니테일의 제작방법을 소개하겠습니다. 이 기법이 머리카락을 만드는 기본이 되기 때문에 확실히 몸에 익혀두어 다른 머리모양에도 도전해 봅시다.

우선 후두부에 물을 묻혀 석분점토를 붙이기 위한 기초를 만들어 줍니다. 넓은 범위에 붙이기 때문에 정확한 위치를 잡고, 물을 너무 묻히지 않도록 주의합시다.

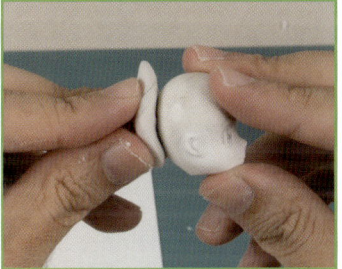

잘 반죽한 석분점토를 적정량 손에 들고 얇은 판 모양으로 만들어 후두부에 붙여줍니다. 이 시점에서는 앞머리 이외의 머리 전체를 감쌀 수 있도록 점토를 늘려줍시다.

항상 옆얼굴의 디자인과 비교하면서 삐져나오지 않았는지, 반대로 부족한 부분은 없는지, 주의하면서 붙여나갑시다. 다소 삐져나오거나 한 부분은 앞으로 다듬어 나갈 것이기 때문에 크게 문제는 없습니다.

이 경우에는 외연부(머리카락이 돋는 부분과 앞머리의 경계)부터 만들어 갑니다. 우선은 목 근처의 흔히 말하는「귀밑머리」가 되는 부분을 만들어 갑니다. 가장 먼저 가장자리 부분에 가볍게 높이 차이를 만듭니다.

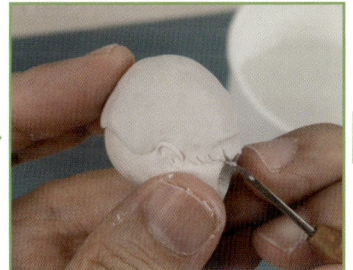

높이 차이가 나는 부분 아래쪽부터 귀밑머리가 될 자국을 넣어줍니다. 우선은 전체적으로 한번, 듬성듬성하게 절단면을 넣어주고 거기부터 서서히 촘촘하게 줄무늬를 넣어줍니다.

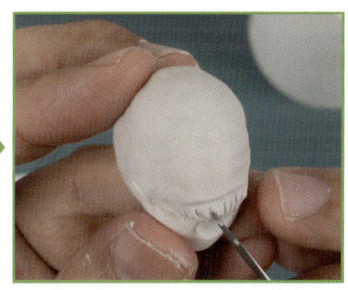

한번 듬성듬성하게 집어 넣은 줄무늬 틈을 메우는 듯한 느낌으로 촘촘한 줄무늬를 넣어줍니다. 절단면의 깊이나 길이 같은 것을 조절하여 귀밑머리답게 만들어 줍니다. 사진 같은 것을 참고해도 좋겠죠.

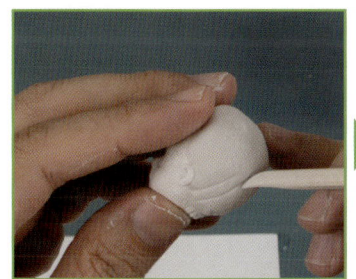

묶인 머리카락 다발(포니 테일)을 향해서 머리카락의 줄(몰드)을 넣어 줍니다. 나무젓가락을 가공해서 만든 자작 주걱으로 외연부부터 안쪽(중심)을 향해 밸런스를 맞춰 넣어줍니다.

후두부도, 밑에서 위(머리카락을 묶은 부분)를 향해서 몰드를 넣어줍니다. 이때, 끝부분에 조형한 귀밑머리의 조형을 망가트리지 않도록 주의 합시다.

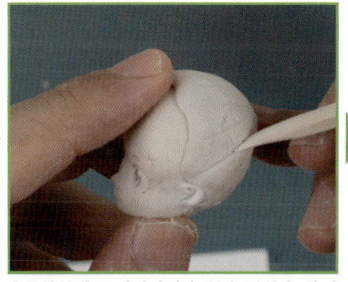

측두부부터도 머리카락을 묶은 부분을 향해 몰드를 넣어줍니다. 몰드는 묶인 부분을 중심으로 방사형이 되도록 만들어 줍니다.

피규어의 달인 **67**

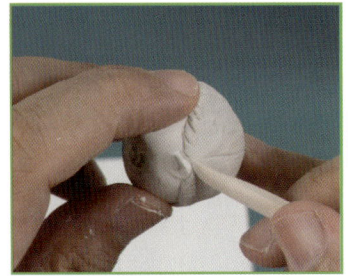

귀의 뒷부분에 머리카락 경계를 만듭니다. 덧붙인 석분점토의 경계가 너무 얇아지지 않도록 만들어 귀와의 경계선도 확실히 해 줍니다.

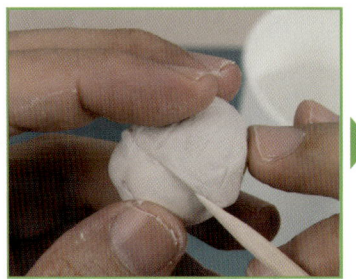

석분점토를 덧붙였을 뿐인 앞머리와의 경계 부분을 깔끔하게 평탄화 시켜줍니다. 여기는 나중에 조형할 앞머리가 겹쳐지는 부분이 됩니다.

사진처럼 경계면 부분은 수직으로 잘라 모양을 잡아줍니다. 부디 조형 중에 건조되지 않은 부분을 잘못 건드려 모양이 망가지지 않도록 합시다.

정돈된 귀퉁이 부분이 약간 휘었기 때문에 여기를 깎아주어 평탄화 시켜줍니다. 귀 뒷부분의 처리에도 주의합시다.

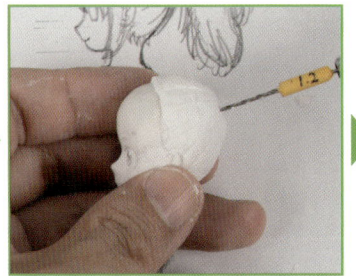

하루 정도 놔두어 완전히 건조되면 포니테일 부분(뒷머리의 뿌리 부분)이 되는 곳에 핀바이스로 구멍을 뚫어줍니다. 석분점토는 경화되어도 부드럽기 때문에 구멍을 너무 깊게 뚫지 않도록 주의합시다.

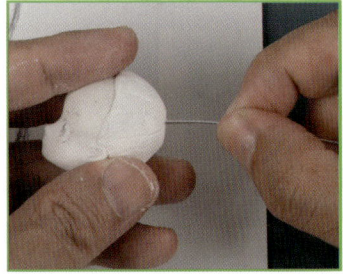

거기에 철사(알루미늄 선)를 꽂아 넣습니다. 철사는 이후에 이중으로 꼬아줄 것을 고려해서 포니테일이 완성되었을 때의 길이보다 2배 이상 길게 만들어 커트해줍니다.

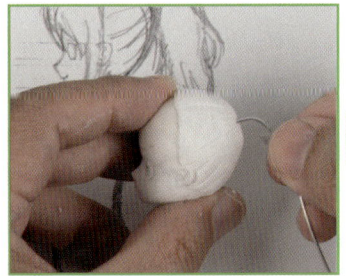

후두부에 꽂은 철사를 구부립니다. 알루미늄 선이라면 같은 굵기의 철사보다 부드럽고 구부리는 것도 간단하기 때문에 이렇게 여러 번 조정이 필요한 작업에 적합합니다.

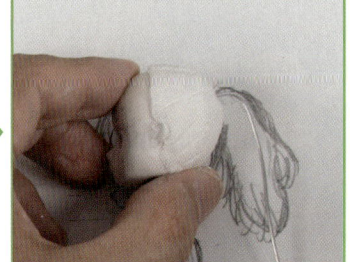

구부린 철사의 각도와 길이를 확인합니다. 너무 신경써서 할 필요는 없습니다만, 너무 짧으면 이 다음 작업에 지장이 있기 때문에 반드시 확인 합시다.

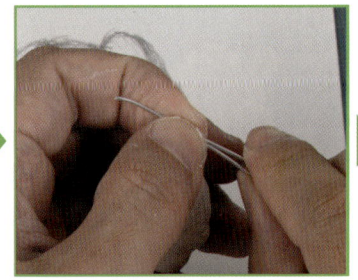

철사를 두 갈래로 접어 줍니다. 접힌 부분은 골격을 만들 때처럼 펜치 같은 것으로 뭉개줍니다. 그 다음, 전체를 꼬아주며 포니테일의 심을 만들어 줍니다.

꽂아 넣을 부분의 각도를 조절하여 머리에 꽂아 넣은 다음 길이를 재확인합니다. 여분의 철사가 나온다면 금속용 니퍼로 잘라줍시다.

포니테일의 심이 되는 철사의 길이와 각도를 재확인합시다. 디자인과 맞춰보고 삐져나왔다면 다시 한번 고쳐줍니다.

잘 반죽한 석분점토를 손에 들고 철사로 된 심을 감싸듯이 붙여줍니다. 철사와의 사이에 공기가 들어가지 않도록 확실히 눌러서 붙여 줍니다.

How to Make Figure / 머리 부분을 만들어 보자 / PART 5

우선은 포니테일의 대강의 모양을 만듭니다. 작업은 후두부에 머리카락을 붙인 채로 행하며 머리와의 밸런스와, 접점 부분에 항상 신경을 써 줍시다.

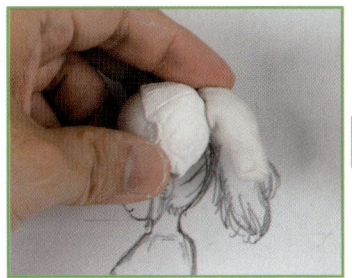

후두부와의 접점(머리카락의 정점 부분)이 디자인보다 두껍습니다만, 여기는 나중에 조절합시다. 우선은 머리카락 전체의 볼륨을 확인합시다.

주걱 같은 것을 사용해서 여분의 석분점토를 떼어내어 포니테일이 묶인 부분을 가늘게 만들어 줍니다. 거기부터 전체적으로 모양을 잡아갑시다.

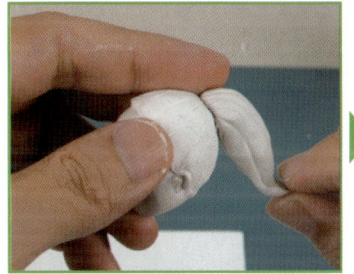

포니테일 전체의 모양이 완성되었습니다. 끝부분을 뾰족하게 해서 고구마라는 생각을 하며 모양을 만듭니다. 이것을 베이스로 해서 더욱 머리카락 다발에 볼륨을 더합니다.

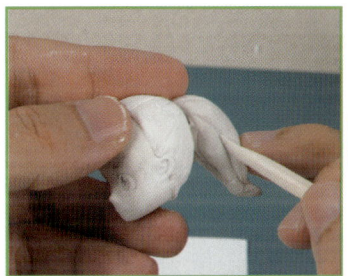

머리카락의 흐름을 표현하는 줄(몰드)을 넣어줍니다. 뿌리부분부터 끝부분을 향해 흐르는 듯한 라인을 만들어 갑시다.

만들어진 보디에 머리를 올려보고 밸런스를 확인합시다. 어디까지나 포니테일의 심이 되는 부분이기 때문에 이 뒤에 더욱 머리카락을 붙여 줄 것을 고려하여 확인합시다.

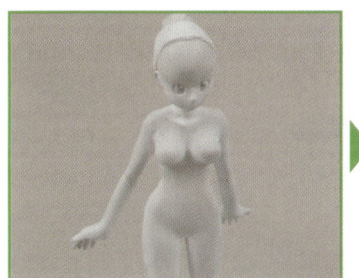

정면에서 보았을 때에 어느 정도 포니테일의 다발이 보이는지도 확인합시다. 이 밸런스는 최종적인 완성에 영향을 주기 때문에 이미지를 떠올리며 신중하게 확인합시다.

뒤에서 본 경우도 생각하며 확인합니다. 포니테일은 움직임의 표현에 적합한 머리모양이기 때문에 포즈와의 상성도 중요합니다.

각도와 형태가 너무 단순하기 때문에 머리카락의 흐름과 움직임을 표현하기 위해 심의 모양을 바꿔줍니다. 석분점토가 건조되기 전이라면 간단히 모양을 바꿀 수 있기 때문에, 건조되기 전에 반드시 확인합시다.

포니테일을 약간 왼쪽으로 비틀어 오른발에 체중이 실린 포즈와의 밸런스를 맞춰줍니다. 머리 다발의 끝부분은 움직임에 맞춰 흔들리는 모양이 되었습니다.

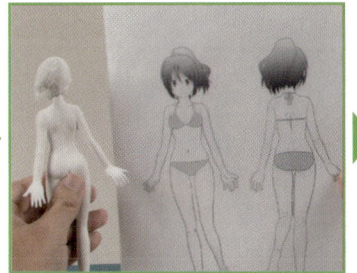

이번에는 디자인뿐만 아니라 원래의 디자인 일러스트와도 비교합시다. 최종적인 피규어의 처리를 이미지하면서 비교합시다. 여기서 다시 건조시킵니다.

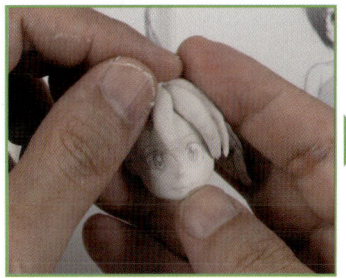

앞머리를 조형해줍니다. 우선은 가느다란 고구마 같은 모양으로 만든 석분점토를 머리카락의 블록 중 하나로 붙여줍니다. 이때는 물을 사용하지 않습니다.

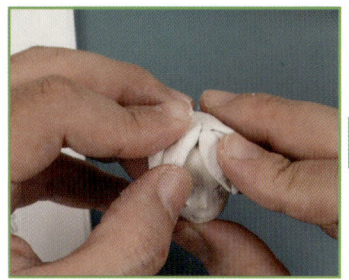
디자인 일러스트의 앞머리에 있는 뾰족한 털 부분을 하나의 블록으로서 석분점토 다발을 붙여나갑니다. 일러스트와 똑같이 만드는 것이 아니라 입체로서 균형을 잘 잡을 수 있도록 확인하면서 붙여줍시다.

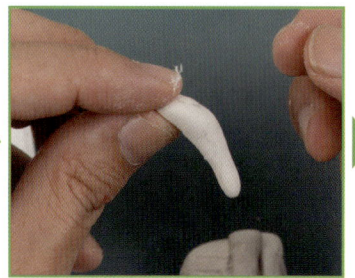
앞머리 모양이 대강 만들어졌다면 건조시키고 다음은 측두부의 머리카락 블록을 만들어 줍니다. 여기는 앞머리보다도 좀 크다 싶은 기분으로 석분점토 덩어리를 늘려 만들어 줍니다.

정수리에 해당하는 부분에 다발모양으로 만든 석분점토 덩어리를 대어 뒤쪽으로 늘리듯이 정수리에 붙여줍니다.

확실히 손가락으로 눌러 붙이며 정면에서 본 머리의 실루엣을 무너트리지 않도록 신경쓰면서 만들어 갑시다.

주걱이나 스파츌러로 머리카락의 라인이 되는 몰드를 넣어주면서 끝부분이 뾰족해지도록 머리카락 블록을 조형해 갑시다.

같은 작업을 바로 옆에서 본 사진입니다. 귀가 머리카락 덩어리로 가려져 있기는 하지만 이 다음에 필요없는 부분을 잘라내기 때문에 여기서는 이대로도 괜찮습니다.

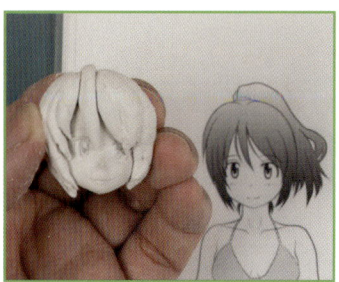
디자인 일러스트에 있는 얼굴 옆에 붙은 머리카락 블록의 형태가 대강 이걸로 완성되었습니다. 우선은 약간 크게 만들어 여기부터 조절해 나갑니다.

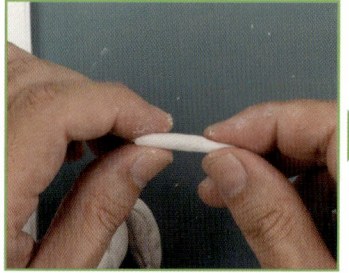
포니테일의 자잘한 덩어리를 조형해 나갑니다. 앞머리 때와 마찬가지로, 다만 앞머리보다는 가느다랗게 석분점토를 늘려 머리카락 덩어리를 만들어 줍니다.

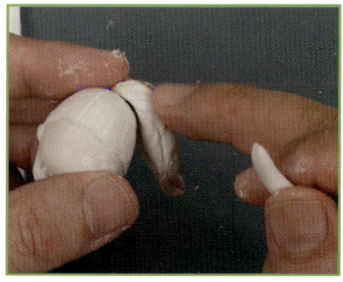
건조된 포니테일의 심 표면에 물을 묻혀 나중에 붙일 머리카락 다발이 잘 붙도록 해줍니다.

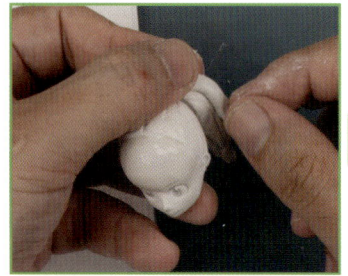
머리카락 덩어리는 하나씩, 머리카락이 돋아나는 부분에 눌러 압착시켜 아래로 늘려 붙여 줍니다.

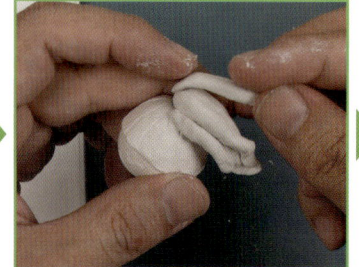
마찬가지 작업을 반복합니다. 이걸로 디자인 일러스트에도 정답이 없기 때문에 다른 피규어를 참고로 해서 자신이 그리고 있는 머리카락 모양으로 만들어 봅니다.

전체적으로 덧붙인 상태로 주걱이나 스파츌러를 사용해서 머리카락과 머리카락 사이를 메워주거나 끝부분이 두꺼운 부분을 얇게 만들며 형태를 잡아 줍니다.

How to Make Figure 　머리 부분을 만들어 보자 　PART 5

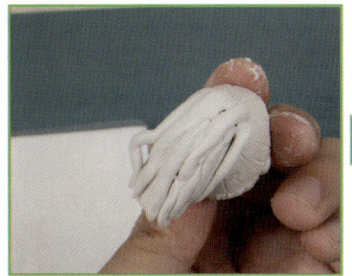

대강 덧붙이고 모양의 조정이 완료되었습니다. 디자인 일러스트에 있는 풍성하게 흩날리는 덩어리도 확실하게 만들어 줍시다.

전체적으로 머리카락을 모두 붙인 단계에서 밸런스를 확인합니다. 디자인 일러스트보다 머리가 크게 보입니다. 그러나 이 다음에 깎아 낼 것을 감안하고 확인하면 되겠습니다.

포니테일에 가느다란 다발을 붙여주었을 뿐인 상태이기 때문에 듬성듬성 합니다만, 이 다음에 깎아내서 샤프하게 만들어 줄 것입니다.

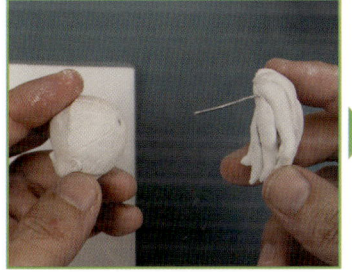

여기서 일단 건조시켜 완전히 경화되면 후두부에서 머리카락 다발 부분을 뽑아냅니다. 이 다음 작업을 하기 쉽게 만들기 위해서입니다. 여기서 포니테일에서 머리카락 다발이 떨어지고 말았다면 물을 적셔 다시 붙여줍니다.

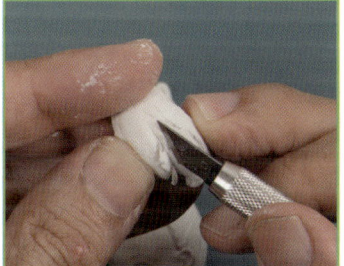

앞머리를 머리에서 떼어냅니다. 덧붙였을 때 물을 쓰지 않았기 때문에 간단히 떨어집니다. 다 떼어냈다면 표면을 깎아 모양을 만들어 줍니다.

머리카락 파츠는 표면의 요철을 완만하게 깎아주는 것이 아니라 끝부분을 향해 뾰족하게 되도록 깎아줍니다. 가늘고 강도가 없는 파츠이기 때문에 너무 깎아내 부수지 않도록 주의 합시다.

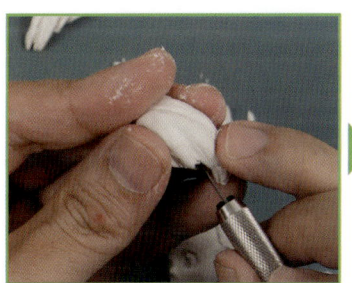

앞머리 파츠의 덩어리와 덩어리 사이, 흔히 말하는 「계곡」이 되는 부분을 깎아줍니다. 여기는 될 수 있는 한 샤프하도록 깎아주어 마무리 해줍니다.

사포를 접어 아까 전에 깎아준 「계곡」 부분에 사포질을 해줍니다. 디자인 나이프로 깎아낸 부분은 매끄럽게, 계곡 아랫부분은 샤프하게 되도록 신경을 써서 작업합니다.

앞머리 블록 별로 분할하여 작업합니다. 한 개의 공정이 지나면 얼굴에 맞춰서 밸런스를 확인하면서 작업을 진행하도록 합시다.

표면이나 계곡의 모양이 거의 완성되었다면 머리카락 끝부분을 더욱 뾰족하게 깎아줍니다. 끝부분을 부러뜨리지 않도록 주의합시다. 부러지고 말았다면 물을 묻혀 접착시키고 충분히 건조시킵니다.

뾰족해진 끝부분이 매끄러워지도록 전체적으로 사포질을 해주고 다시 한번 라인을 정리해줍니다. 한번 만에 모양을 완성시키는 것이 아니라, 서서히 모양을 잡아내는 것이 비결입니다.

앞머리의 각 블록마다 마찬가지로 작업을 반복해줍니다. 이때마다 얼굴에 대보며 밸런스를 확인 합시다. 이것은 「가조립」이라고 하며 피규어의 완성도를 높이기 위해서 필요한 작업입니다.

How to Make Figure　머리 부분을 만들어 보자　PART 5

앞머리 블록의 털끝 부분 계곡을 깎아준 상태입니다. 사포는 빨리 모양을 내고 싶은 경우에는 결이 거친 180번이나 240번을 사용하고 표면을 매끄럽게 만들고 싶다면 결이 고운 400번대나 600번대를 사용합니다.

디자인 나이프로 깎아낸 평면을 없애고 계곡 아래를 샤프하게 만들어 주었다면 전체적으로 쓰다듬듯이 부드럽게 사포질을 해주어 파츠 전체의 라인을 완성합니다.

앞머리의 모든 파츠의 가공이 거의 끝났기 때문에 가조립해서 체크 합니다. 디자인 일러스트와 비교해서 앞머리가 「무거운」 인상을 줍니다.

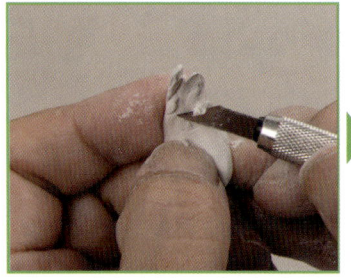 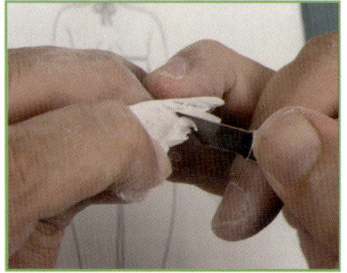 

무거운 앞머리 인상을 수정하기 위해서는 전체적으로 깎아내 볼륨을 다운시키는 방법도 있습니다만 여기서는 머리카락 뒤를 파내서 가볍게 만들어 주겠습니다. 이 작업을 통해 「무거운」 인상은 상당히 경감됩니다.

일러스트와 비교해서 머리카락 다발의 끝부분의 샤프함도 부족하기 때문에 여기서 또 깎아내서 가늘고 얇게 만들어 줍니다.

지금까지의 공정과 마찬가지로 디자인 나이프로 깎아낸 다음 사포질로 마무리하는 작업을 반복하면 가벼운 인상의 앞머리가 됩니다.

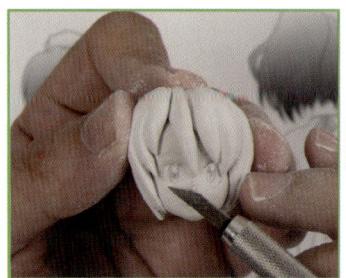 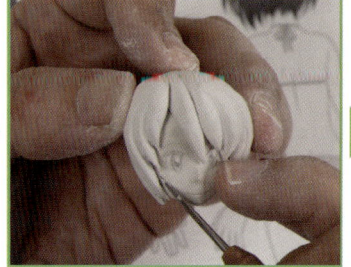 

공정별로 가조립을 하면 그때마다 새로운 수정 장소를 발견할 수 있습니다. 사진의 디자인 나이프 끝이 가리키는 부분은 얼굴과 머리카락의 틈이 균일하지 않기 때문에 밀착시키고 있는 상태입니다.

깎아내는 것뿐만이 아니라 주걱 끝에 소량의 환도를 묻혀 머리카락 표면에 덧발라 틈을 메워주는 일도 가능합니다.

틈 조정이 끝난 상태입니다. 앞 사진과 비교하면 그 차이를 알 수 있을 것입니다. 이러한 수정부분을 하나하나 찾아내서 처리하는 것으로 덩어리가 모인 피규어가 완성됩니다.

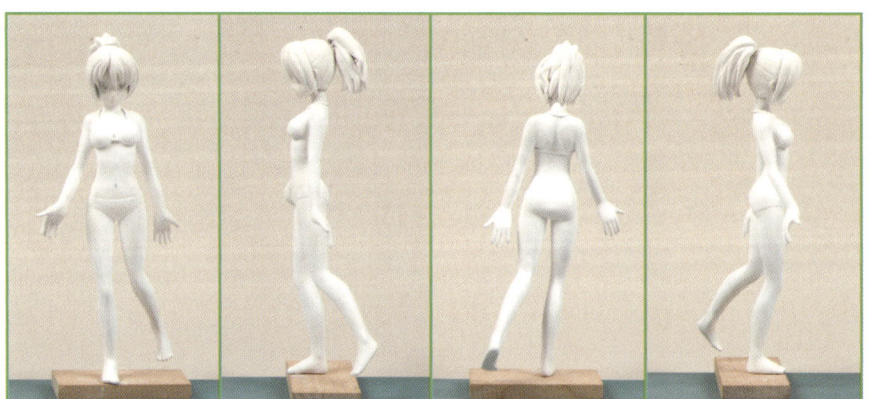

세부를 조절하여 만들어진 단계에서 머리를 동체에 올리고 밸런스와 마무리를 확인합니다. 여러 가지 각도에서 관찰하며 확인하는 것이 중요합니다. 수정할 점이 발견되었다면 그때마다 수정해 둡시다. 납득이 갈 때까지 수정작업을 하는 것으로 이 책의 목적인 초급편의 내용은 종료됩니다.

PART 6
스텝 업
복장조형

PART 6 ▶ 스텝 업 복장조형

옷이 되는 소재를 덧붙인다.

완전히 건조된 본체 위에 옷이 될 소재를 덧붙여 줍니다. 이미 만드는데 익숙한 상급자라면 반드시 이것과 같은 순서로 만들지 않습니다만(예를 들면 옷으로 가려질 몸의 부분은 밸런스만 잡을 수 있다면 그렇게까지 열심히 마무리할 필요는 없습니다) 처음 만들 때는 몸 만들기를 수련한다는 의미로도 기본에 맞춰 몸의 마무리를 다 하고 나서 의류를 덧붙여 줍시다.

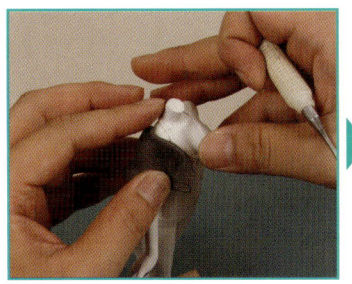

완전히 마른 몸 위에 재료를 덧붙여 줍니다. 여기서는 알기 쉽도록 다른 색의 스컬피를 사용했습니다만, 익숙하지 않다면 몸과 같은 소재가 좋습니다.

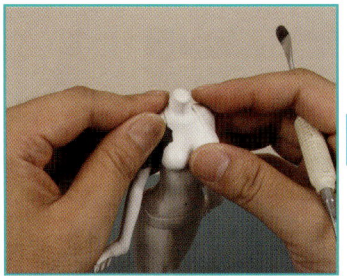

몸과 밀착되도록 손가락으로 눌러주면서 얇게 펼쳐줍니다. 나중에 조절하기 때문에 여기서 완전히 옷이 얇아지도록 펼쳐줄 필요는 없습니다. 약간 두껍게 발라줍시다.

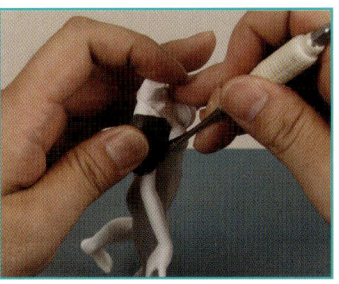

겨드랑이 아래 같이 집어넣기 어려운 부분은 주걱이나 스파츌러의 뒷부분을 사용해서 소재를 밀어 넣어 줍니다. 본체와 덧붙인 소재 사이에 공기가 들어가지 않도록 주의합시다.

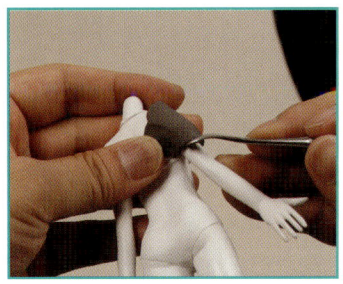

주걱의 뒷부분으로 눌러 소매의 모양을 잡아줍니다. 너무 많이 덧붙여서 소재가 남는 경우에는 대강 깎아내 줍시다.

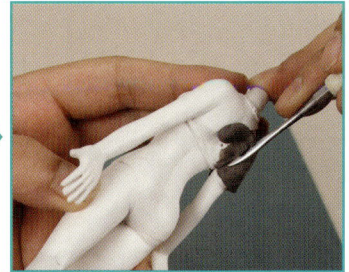

등쪽에도 소재를 펼쳐 붙여줍니다. 전면과 마찬가지로 들어간 부분을 주걱 같은 것을 사용해 눌러서 덧붙인 소재를 펼쳐줍니다.

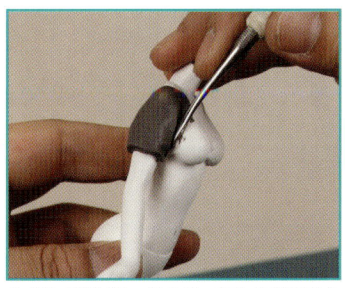

소재를 덧붙이는 것으로 메꾼 요철부분은 위에서 꾹꾹 눌러서 확실히 알 수 있도록 해줍니다.

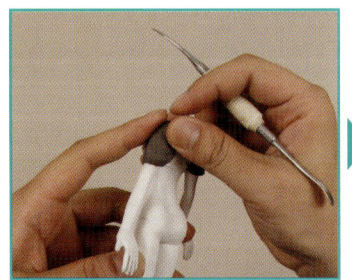

마찬가지 작업을 왼쪽에서도 해줍니다. 오른쪽을 참고로 해서 붙여주는 양을 조절합시다.

왼쪽 겨드랑이 밑, 등쪽도 펼쳐줍니다. 우선은 좌우 소매부터 완성시킬 것이기 때문에 여기서는 아직 등 전면을 덮을 필요는 없습니다.

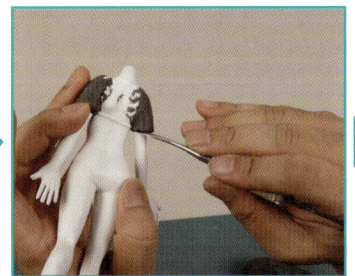

좌우의 소매 길이를 균등하게 만들어 줍니다. 포즈에 따라 다릅니다만, 여기서는 수영복의 끝 위치를 소매 길이를 재는 기준으로 삼습니다.

How to Make Figure   스텝 업 복장조형   PART 6

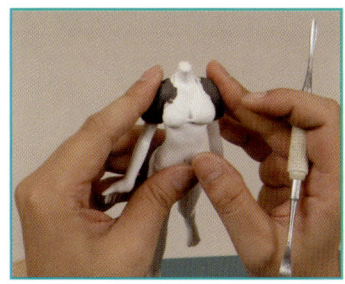
조절이 끝나면 다시 확인. 좌우에서 밸런스를 잡으며 완성해 줍시다.

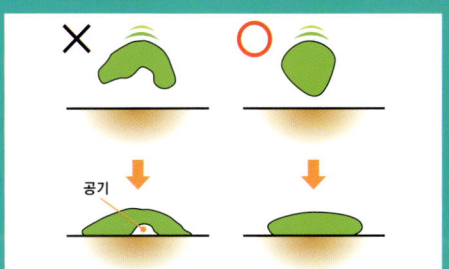

POINT 덧붙이기의 기본

석분점토, 스컬피, 폴리퍼티 등 어떤 소재라도 이미 만들어진 파츠 위에 또 소재를 덧붙일 경우, 공기가 들어가면 건조 후 찌그러지거나 금이 가는 원인이 되기 때문에 덧붙이는 소재와 토대 사이에 공기가 들어가지 않도록 하는 것이 중요. 그러기 위해서는 덧붙인 틈에는 최초의 접점이 적고 둥근 상태부터 틈의 공기를 밀어내듯이 눌러 펼쳐주어야 합니다. 그래도 틈에 공기가 들어간 경우는 이쑤시개나 바늘로 구멍을 뚫어 공기를 빼줍시다.

X 먼저 소재를 펼친 다음 소재를 붙이려고 하면 사이에 공기가 들어가고 맙니다.
O접점이 작고 둥근 상태에서 눌러서 펼쳐줍시다.

PART 6 ▶ 스텝 업 복장조형

소매의 주름을 만든다

극단적으로 말하자면, 덧붙인 소재를 「점토덩어리」로 만들 것인가, 「의복」으로 만들 것인가는 한개의 주름을 어떻게 만드냐에 달려 있습니다. 또한 어떠한 소재의 의복인지, 어떤 움직임을 하는 중인지, 본래 점토 덩어리일 뿐인 피규어로 그것을 표현하기 위해서는 주름 조형이 중요해 집니다. 실제 옷을 관찰하면서 어떻게 주름을 넣어 주는 것이 효과적일지를 생각해 봅시다.

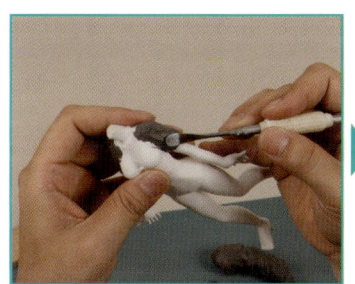
소매 주름은 어깨 위쪽을 지지점으로 하여 중력이 가해져 아래 방향으로 늘어납니다. 평평해지는 부분에 주걱의 등 같은 것을 이용해 밀어 줍니다.

T셔츠 천이 안으로 들어가 오목해진 부분은 주걱의 측면 같이 각이 진 부분으로 밀어 넣어 만듭니다.

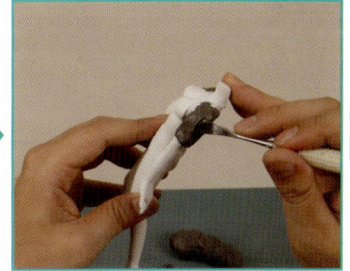
거기에 반대쪽의 평평한 면을 마찬가지로 해서 제작하는 것으로 옷의 주름이 만들어집니다.

POINT
덧붙이기의 기본

주름은 그림으로 그리게 되면 한 개의 선입니다만, 입체로 만들기 위해서는 면이 접쳐져 만들어 집니다. 이번 작업과 같이 ①과 ③으로 반대방향에서 면이 드러나고 그 사이에 만들어지는 높이차이에 끼인 ②가 입체적인 주름 제작법의 기본이 됩니다.

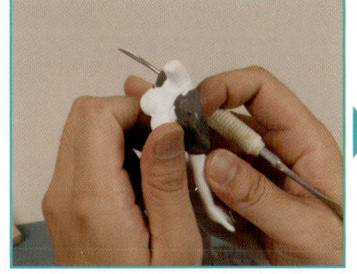
밸런스를 보면서 너무 두꺼운 부분을 조정해 줍시다.

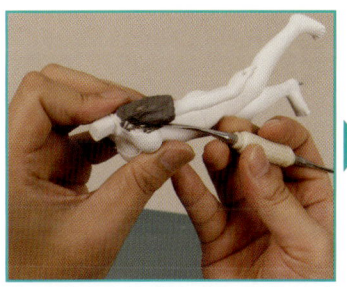
겨드랑이 부분의 주름을 제작. 실제 주름을 잘 관찰하여 만드는 것이 좋지만, 축척에 맞춰서 적당히 간략화 시키는 것도 중요합니다.

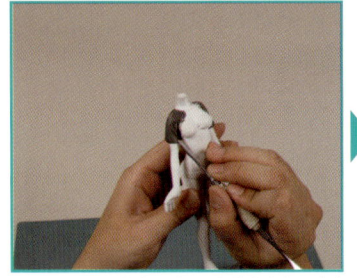 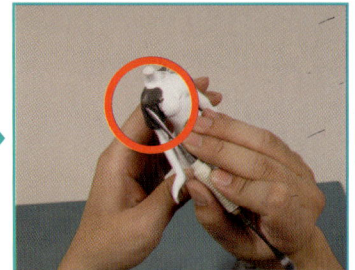 

반대쪽 팔도 마찬가지로 작업합니다. 완전히 좌우대칭이 되면 각각의 주름이 부자연스러워지기 때문에 의식해서 조금씩 주름을 넣는 위치를 조절합니다.

사진에서 가리키고 있는 부분이 지지점이 되어 중력방향으로 주름을 발생시킵니다. 지지점은 옷과 몸이 가장 밀착되는 부분이기 때문에 밑바탕이 보일 정도로 얇게 만들어도 상관없습니다.

어깨부터 소재를 늘려서, 옷깃을 만들어 줍니다. 여기서는 목에 두른 수영복 끝의 몰드를 살려서 그것을 따라서 옷깃을 만들어 줍시다.

PART 6 ▶ 스텝 업 복장조형
가슴의 팽팽함

모처럼 만든 가슴을 가리고 마는 것도 아까운 생각이 듭니다만, 가슴에도 소재를 덧붙여 줍니다. 다만 T셔츠에 있어 좋은 가슴은 몸과 옷이 가장 잘 밀착되는 부분이기 때문에 너무 두꺼워지지 않도록 주의 합시다. 그야말로 돌기 부분은 몸의 소재가 그대로 남아있을 정도라도 상관없습니다. 오히려 가슴 주변의 옷과 몸과의 틈을 메우는 듯한 기분으로 붙여주어야 합니다.

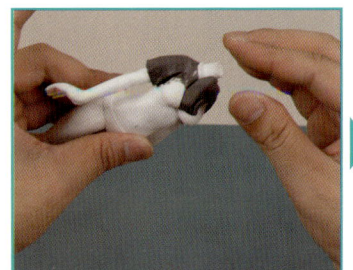  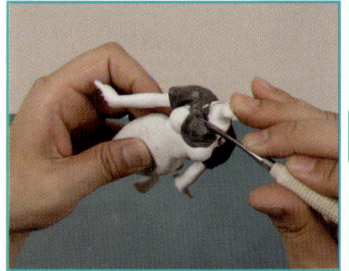

다음으로 가슴께에 천이 될 부분을 붙여줍니다. 나중에 남는 부분은 깎아낼 것을 전제로, 우선은 좀 많이 붙여줍시다.

팔과 마찬가지로, 여기서도 본체와 덧붙일 소재 사이에 공기가 들어가지 않도록 주의해서 붙여줄 소재를 늘려서 펼쳐줍시다.

어깨 쪽 옷깃의 라인과 맞춰서 조정하면서 칼라를 만들어 줍니다. 옷깃은 쇄골이 조금 보이는 정도 크기가 표준입니다.

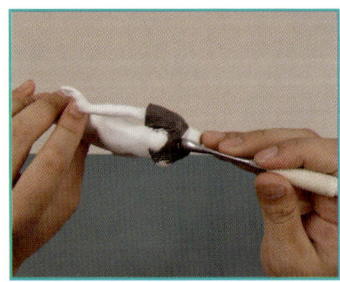

스푼모양 스파츌러의 등을 이용해서 옷깃의 곡선 라인을 조형합니다.

POINT 완성품 바스트 사진

완성품의 가슴께. 이 다음 이렇게 바스트의 봉긋함에 의한 옷 주름을 만들어 줄 것입니다.

PART 6 ▶ 스텝 업 복장조형
그 외 부위의 도색

몸의 다른 부위에도 마찬가지로 덧붙여 줍니다. 지금까지와 마찬가지로 본체에 붙여준 소재와의 틈에 공기가 들어가지 않도록 조심하면서 약간 두껍게 붙여줍니다. 자잘한 부분은 다음 항목 이후에 주름을 주면서 조형해 갈 것이기 때문에 우선은 대강 붙여주어도 상관없습니다. 설령 좀 부족하더라도 나중에 덧붙이면 문제 없습니다. 실패하더라도 가벼운 마음으로 몇 번이고 다시 만들 수 있기 때문에 가볍게 일을 진행해 봅시다.

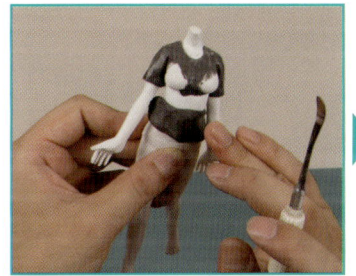

동체 부분에 옷의 소재를 덧붙여 줍시다. 이번에 만드는 T셔츠는 옷자락을 묶은 모양을 제작하기 때문에 길이는 통상보다 짧아집니다.

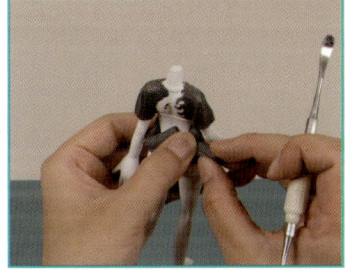

여기서도 지금까지의 부위와 마찬가지로 공기가 들어가지 않도록 신경을 쓰면서 눌러 펼쳐줍니다. 넓은 부분이기 때문에 손가락으로 펼쳐줍시다.

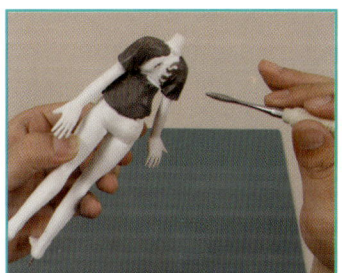

등쪽에도 펼쳐줍니다. 너무 많이 붙여 남는 부분은 대강 손으로 떼어줍니다.

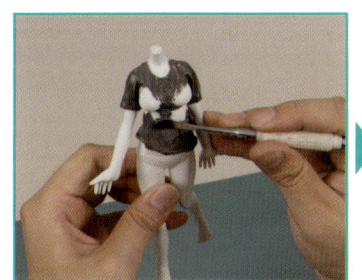

주걱 등의 곡면을 사용해서 소재를 위쪽으로 늘려줍니다. 이 다음 주름을 넣어주기 때문에 이때에 너무 얇게 펼칠 필요는 없습니다.

팔과의 틈이 될 동체 측면은 주걱을 이용해서 넓혀줍니다. 가슴부분의 소재와 연결하여 동체 전면은 거의 덮였습니다.

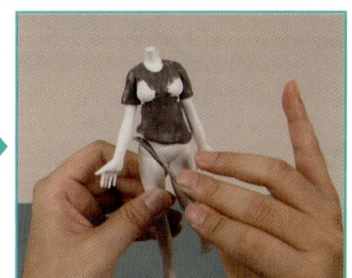

주걱으로 아래부터 밀어 올려 소매의 라인을 정해줍니다. 동체의 오른쪽 끝에 T셔츠를 묶어 그쪽을 향해 당겨진 듯한 라인을 그려줍니다.

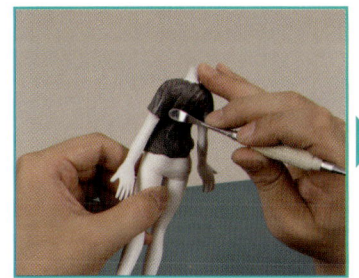

뒤쪽의 소재도 늘려서 등 전체를 덮어줍니다. 너무 두꺼워 본체의 요철이 완전히 묻혀버리지 않도록 신경을 씁시다.

T셔츠로 감추어지고 만 바스트 아래 공간을 메워줍니다. 특히 공기가 들어가기 쉽기 때문에 주의합시다.

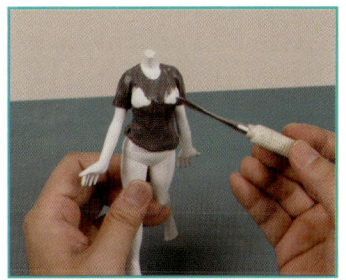

천의 상태에 영향을 미치는 바스트 중앙돌출부분은 천과 몸이 밀착되어 있기 때문에, 어깨와 마찬가지로 본체가 보일 정도로 얇게 만들어 줍시다. 높이차이가 없도록 주위와 높이를 맞춰줍시다.

PART 6 ▶ 스텝 업 복장조형

주름을 만든다

덧붙여준 소재의 위에서 주름을 만들어 줍시다. 소재의 표현도 주름의 역할 중 하나. 스웨터 같이 두꺼운 소재의 의복이라면 주름의 돌출은 완만하게, T셔츠 같이 얇은 천이라면 확실하게, 그리고 딱딱한 천인 경우에는 각을 살리는 기분으로 조형하면 좋습니다. 실물을 참고하면서 그대로 흉내내는 것이 아니라 스케일에 맞춰서 적당히 간략화시켜 조형합시다.

실물 T셔츠로 어떤 주름이 만들어지는지, 주름의 종류를 잘 관찰합시다. 축척을 고려해서 복잡하지 않을 정도로 간략화시켜 피규어에 붙여줍시다.

주름이 만들어질 위치를 밑그림으로 그려 넣습니다. 전면은 가슴의 끝부분과 연결되는 부분을 지지점으로 삼아 그 사이를 주름으로 연결합시다.

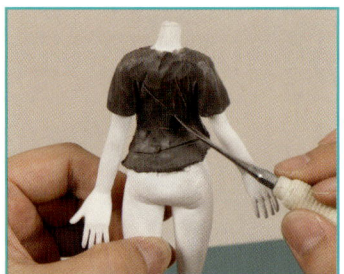

뒤쪽에도 마찬가지로 밑그림을 그려줍니다. 왼쪽어깨부터 오른쪽 옆구리를 연결하는 점을 향해 주름을 그려줍시다.

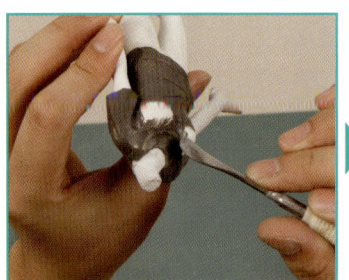

가슴의 팽팽함을 강조하기 위해 좌우 바스트의 부풀어오른 부분의 사이를 연결해서 수평방향으로 주름을 넣어 줍시다.

여기서도 주걱의 귀퉁이와 곡면을 잘 활용해서 융기 부분을 위아래에서 눌러주며 주름을 만들어 줍니다.

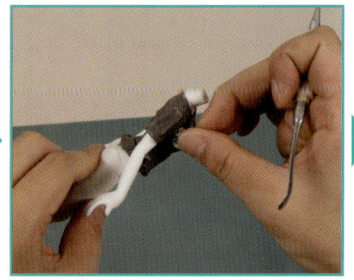

소재를 덧붙이는 것이 부족했기 때문에 조금 덧붙였습니다. 구울 때까지는 몇 번이고 다시 만드는 것이 가능하기 때문에 임기응변으로 대응합시다.

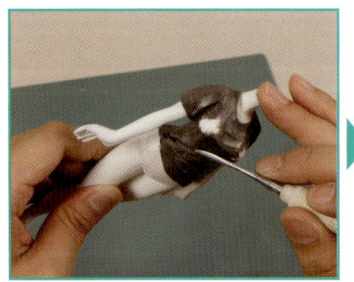

밑그림을 따라서 주름을 깊이 넣어준 부분을 조각해줍니다.

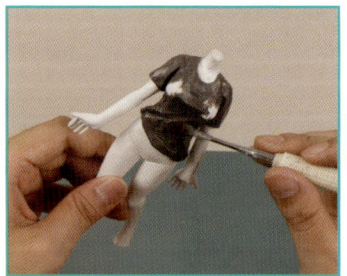

홈의 양쪽 끝에 만들어진 융기에 반대쪽부터 소재를 따라 밀어 올려주어 날을 세워갑니다. 소재가 부족한 경우에는 덧붙여 줍니다.

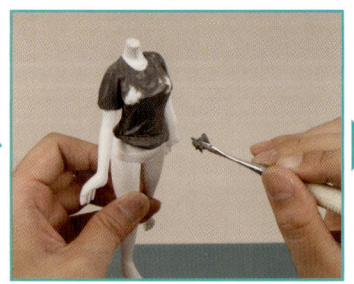

최초에 두껍게 덧붙여주었기 때문에 형태가 완성되었을 때 남은 소재가 생깁니다. 조각한 결과, 남은 소재는 깎아내 주었습니다.

How to Make Figure — 스텝 업 복장조형 — PART 6

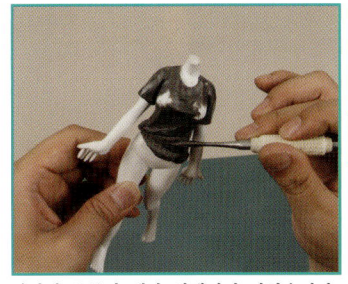

전면의 주름이 꽤나 입체적이 되었습니다. 이 스케일이라면 이 이상 리얼한 주름을 넣으면 입체로서 너무 복잡해지고 말기 때문에 생략(데포르메)해서 이 정도로 만들어 두겠습니다.

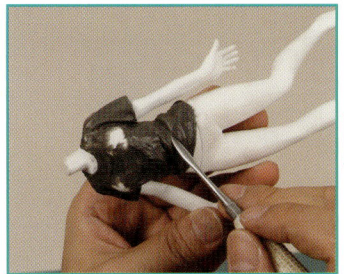

매듭 부분 반대측의 허리는 강조해서 묶어 줍니다. 참고로 입체로서 이상하지 않게 만들기 위해 한번의 작업을 한 다음에 종종 다른 각도에서 관찰하는 것도 중요합니다.

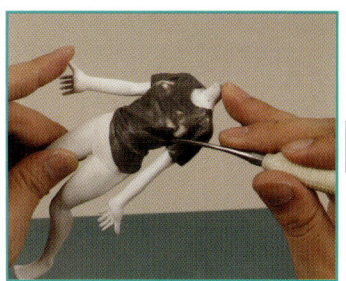

바스트 아래쪽에서 매듭을 향해 주름을 만들어 줍니다. 바스트의 부풀어오른 부분을 강조하기 위해 중요한 요소입니다.

전면의 형상에 맞춰서 연결되어 있는 등의 소매 라인을 다시 수정합니다.

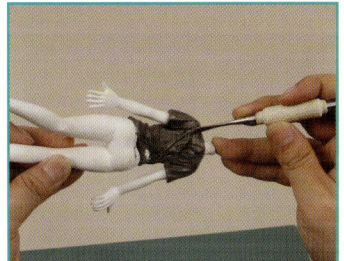

먼저 그려 넣은 밑그림을 따라서 주름을 형성시킵니다. 작업의 순서는 전면과 마찬가지입니다만, 바스트가 없기 때문에 주름은 등으로 이어집니다.

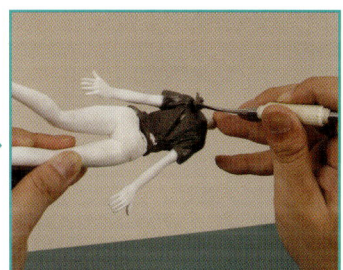

전면과 마찬가지 작업을 반복하여 주름을 형성시킵니다. 왼쪽 허벅지도 전면 라인과 자연스럽게 이어지도록 신경을 써 줍시다.

POINT 소매의 틈을 만드는 방법

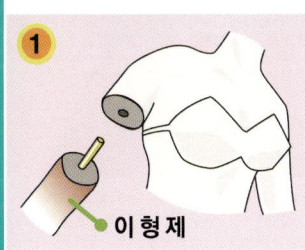
① 이형제

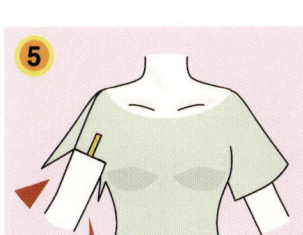
②

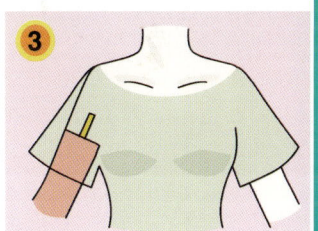
③

④ 깎아내기

⑤

⑥

이 PART6는 초급편에서 스텝 업 하기 위한 것이기에 T셔츠의 소매는 그저 단면으로서 처리하고 있습니다. 더욱 스텝 업 하면 이 소매 끝 부분에 실제 옷처럼 팔과 틈을 만들어주는 것도 가능해집니다. 공정은 다소 복잡하기 때문에 어느 정도 이상 잘 하게 된 다음부터 도전해 봅시다.

① 사전에 소매보다 위쪽 위치에서 팔을 별도 파츠로 만들어 둔다.
② 팔쪽에 기름 같은 이형제를 발라두고, 팔 파츠를 합쳐준다.
③ 그대로 옷을 덮어씌운다.
④ 팔 파츠를 빼내고 소매 안쪽을 조각도 같은 것으로 깎아낸다.
⑤ 팔파츠를 재결합한다.
⑥ 틈이 있는 소매가 완성.

PART 6 ▶ 스텝 업 복장조형

완성

매듭이라고 하는 소도구를 만드는 작업을 하고 마지막으로 전체를 마무리합니다. 소도구는 나중에 덧붙이는 것도 가능하지만, 될 수 있는 한 한번에 작업하는 편이 효율적이기 때문에, 만드는 것을 잊지 않았는지 확인해 둡시다. 기분이 내킬 때 바로 만들어 두는 것도 중요합니다만, 때때로 작업을 멈추고 냉정하게 작업순서나 전체의 밸런스를 재확인해 두는 것도 좋겠습니다. 여기가 끝나면 드디어 완성입니다.

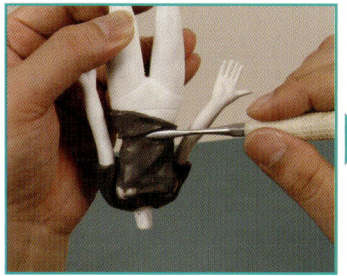

마지막 미조정을 합니다. 작업하기 쉽게 드는 방법은 자유롭게 연구해 봅시다. 여기서는 위아래를 거꾸로 들어 보았습니다.

높이 차이가 신경쓰이는 부분을 손가락으로 뭉개줍니다. 손가락을 사용할 경우는 지문이 남지 않도록 주의합시다.

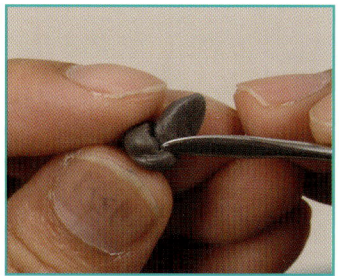

T셔츠의 매듭을 만들었습니다. 작은 파츠를 너무 복잡하게 만들면 강도가 불안하기 때문에 여기서는 대강 그럴듯한 모양으로 만들었습니다.

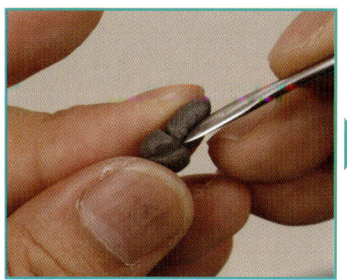

T셔츠의 매듭은 크기로 보아도 그다지 눈에 띄는 부분도 아니기 때문에 여기서 주름은 주걱으로 눌러붙여 간단하게 마무리합니다.

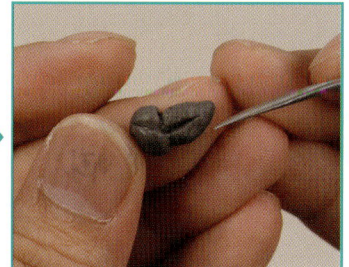

완성입니다. 이렇게 따로 작업해서 만드는 방법이 편한 부위는, 기본적으로 따로따로 만듭니다. 본체의 경화를 기다리는 사이에 만들어 두면 시간을 효율적으로 활용할 수 있습니다.

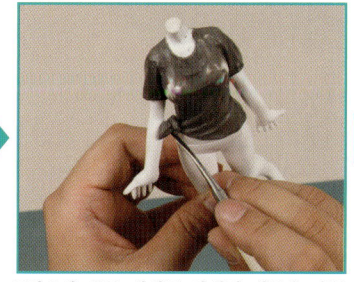

T셔츠와 주름 위치를 맞춰서 매듭을 만들어줍니다. 가볍고 작은 파츠이기 때문에 소재의 점성으로 붙여주는 것만으로도 충분합니다.

거의 모양이 갖추어졌습니다. 그러나 천으로 된 주름으로서는 약간 모양이 딱딱합니다. 마지막 마무리로서 이것을 조정해줍니다.

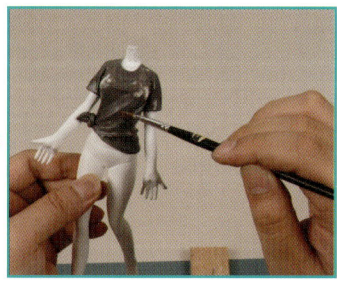

에나멜 시너를 묻힌 붓으로 쓰다듬듯이, 요철을 자연스러운 모습이 되도록 만들어줍니다. 붓은 주름방향을 따라 움직여줍시다. 너무 펼쳐준 경우는 앞 페이지까지의 작업을 반복합니다.

| PART 6 | ▶스텝 업 복장조형 |

완성

옷을 만드는 작업은 이걸로 완성입니다. 옷의 조형은 상정된 옷의 소재에 따라 옷 주름의 밀도나 튀어나온 상태, 각이 어느 정도 나오는지가 달라지고 그 제작작업도 당연히 달라집니다. 옷깃이나 스커트 같은 얇은 부위가 많은 디자인인 경우에는 처음부터 소재 선택을 신중하게 생각해 두어야 합니다. 그 모든 것을 해설하려고 한다면 책 한 권이 나올 정도의 분량이 되기 때문에 어디까지나 초급편인 본서에서는 가장 심플한 T셔츠 제작 방법을 예로 소개해 두겠습니다. 그러나 이 기법은 다른 의복에도 응용할 수 있기 때문에 우선은 기본으로서 익혀둡시다.

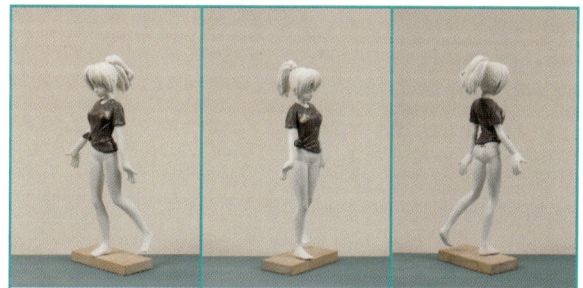

묶인 T셔츠의 주름에 따라 가슴이 부풀어오른 것이 강조되어 수영복차림과는 다른 매력이 나옵니다.

How to Make Figure 스텝 업 복장조형 PART 6

PART 6 ▶ 스텝 업 복장조형
완성품을 보고 여러 가지 주름의 조형을 체크하자

여기서는 완성품 피규어를 예로 들어 여러 가지 복장과 주름의 예를 보도록 하겠습니다. 일반적인 복장은 천, 마직물, 견직물(비단), 가죽 같은 복수의 소재로 만들어져 있습니다만, 기본적으로 피규어는 점토나 수지 같은 단일 소재 덩어리입니다. 그래서 주름의 형태를 조형하는 것에 따라 여러 가지 소재로 만들어져 있는 것처럼 보이게 하는 것이 포인트입니다. 실물의 주름을 잘 관찰하고, 그것에 있는 특징을 강조하여 피규어에 나타내 봅시다.

미사카 미코토
원작 『어떤 마술의 금서목록』
「여학생」을 나타내는 기호로서 완전히 일반화된 루즈 삭스. 아래 쪽일수록 주름이 많이 져 있습니다만, 스케일을 고려하여 너무 복잡하지 않을 정도로 넣어줍니다.

이치노세 코토미
원작 『CLANNAD』
플리츠 스커트는 딱딱한 천을 표현하기 위해 딱 잡힌 각을 만들어 거기에 미묘한 움직임을 주게 됩니다.

노우미 쿠드랴후카
원작 『리틀 버스터즈!』
완만한 주름이 만들어진 코트, 각이 선 스커트, 주름이 없는 오버 니삭스는 주름표현을 통해 소재를 구분할 수 있도록 만든 것으로 디자인 상의 매력이 충분히 발휘되었습니다.

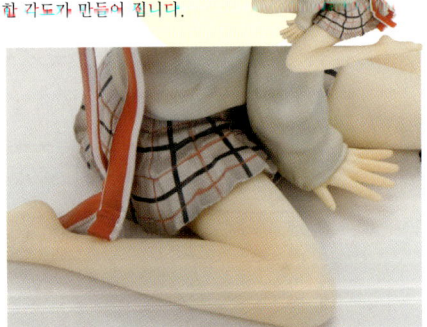

카미키타 코마리
원작 『리틀 버스터즈!』
이쪽은 딱딱한 천의 플리츠 스커트에 만들어진 주름의 예. 플리츠와 똑같이 나타나는 주름도 딱딱한 각도가 만들어 집니다.

섬인 하루카
원작 『초앙섬인 하루카』
주름은 표현하고 싶은 소재의 질감뿐만 아니라 몸의 움직임이나 힘이 들어간 상태, 액션의 기세를 표현하기 위해서도 중요한 요소입니다. 주름에 따라서 발생하는 라인이 만화에서 말하는 「효과선」과 같은 시각효과를 만들어 내는 것입니다.

미나모토 치즈루
원작 『카노콘』
오른손으로 잡아 휘어진 부분의 주름과 대조적으로, 가슴 부분은 주름이 나 없는 상태로 만든 것으로 터질듯한 가슴의 탄력을 강조하고 있습니다.

실제로는 물에 젖어있지 않는 한 이 정도로 엉덩이에 천이 밀착되는 경우는 없습니다만. 여기서는 섹시함을 어필하기 위해 이러한 처리를 해 주었습니다. 실제로 주름을 잡는 방법을 이해한 상태에서 일부러 거기서 벗어난 연출방법을 선택하는 것도 캐릭터성을 강조하는 한가지 방법입니다.

스즈메
원작 『전국 란스』

PART 7
스텝 업 도장

PART 7 ▶ 스텝 업 도장
피부색을 칠합니다

우선은 색이 옅은 부분부터 칠해나갑니다. 이것은 혹시 칠한 부분이 삐져나가더라도 옅은 색이라면 위에 다른 색으로 덧칠하는 것이 쉽기 때문입니다. 이번에는 수영복이 붉은색, 머리카락이 파란색이라는 원색에 가까운 색이기 때문에 피부색부터 칠하기 시작합니다. 색 선택은 아래에서 설명하고 있는 대로의 색입니다만, 피부색은 인종이나 햇볕에 탄 상태처럼 캐릭터 성을 표현해 주는 요소이기 때문에 여러 가지 색 조합을 시험해보는 것도 좋을 것입니다.

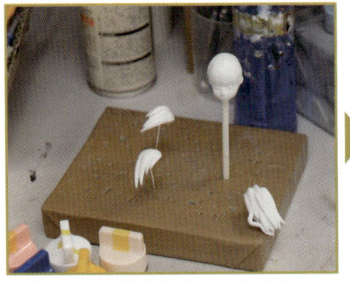
에어브러시로 채색해 나갑니다. 작은 파츠에는 나무젓가락이나 황동선 같은 것으로 지지해서 뿌려준 다음에 받침이나 점토에 꽂아 건조시켜주도록 합시다.

도료는 안료와 용제가 분리되어 있는 경우가 있기 때문에 잘 휘저어서 사용합시다. 휘젓기 전용의 막대기가 없다면 나무젓가락으로 휘저어도 상관없습니다.

색을 만들기 위해 한번 종이컵 같은 데 옮겨줍니다. 에어브러시로 뿜어줄 경우에는 옅고 양이 많아지기 때문에 얕은 접시보다는 많이 들어가는 종이컵이나 빈병 쪽이 좋습니다.

다른 색도 섞어줍니다. 이번에 피부색으로 사용한 것은 Mr.컬러의 캐릭터 후레시1(111번)+캐릭터 후레시2(112번)+옐로(4번) 소량입니다.

얼룩이 없어질 때까지 섞어줍니다. 완전히 같은 색을 다시 한번 조색하는 것은 어렵기 때문에 작업 도중에 도료가 없어지지 않도록 조금 많이 준비해 둡시다.

에어브러시의 경우 겹쳐 뿌려주는 것을 전제로 도료 1 대 용제 2~3 정도로 희석시켜줍니다. 갑자기 피규어에 뿌려주는 것이 아니라 무언가에 시험삼아 뿌려주며 농도를 확인해 봅시다.

에어브러시의 컵에 도료를 넣어줍니다. 통상, 도장 시에는 불투명도가 약한 옅은 색부터 순서대로 뿌려줍니다. 이것은 실패하더라도 나중에 짙은 색을 뿌려서 덮어주면서 수정(리커버리)할 수 있기 때문입니다.

작업개시입니다. 처음 뿌리는 공기는 불안정하기 때문에 갑자기 파츠에 뿌리지 말고 일단 시험삼아 적당한 곳에 뿌려보고 나서 파츠에 뿌리기 시작합시다. 공기가 들어가기 어려운 그림자 부분, 색을 짙게 칠하고 싶은 부분부터 칠해줍시다.

배꼽의 오목한 부분에 뿌려줍니다. 섬세한 피규어 도장 작업의 경우 공기압을 약하게 해서 이 정도로 가까운 곳에서 뿌려주는 경우도 있습니다.

How to Make Figure　스텝 업 도장　PART 7

부분적으로 도료를 옅게 만들고 싶은 경우에는 에어브러시의 컵에 직접 용제를 추가해서 뿜어주는 곳을 막고 에어를 뿜어 컵 안에서 「가글」을 시켜주면서 섞어주기도 합니다. 어느 정도 익숙한 사람이 할만한 작업입니다.

한번에 색을 입히는 것이 아니라 조심스럽게 겹쳐 뿌려줍니다. 이러는 편이 큰 실패를 하지 않습니다. 또한 그림자가 되는 부분에 겹쳐 뿌리면 자연스럽게 농담(濃淡)이 만들어 집니다.

상반신이 건조되는 것을 기다리는 동안 같은 피부색의 다른 부위를 도장해 갑니다. 여기서는 손잡이를 들고 얼굴에 피부색을 뿌려줍니다. 마찬가지로 그림자가 지는 부분부터 뿌리기 시작합니다. 머리카락의 털 부분에 삐져나가도 신경 쓸 필요는 없습니다.

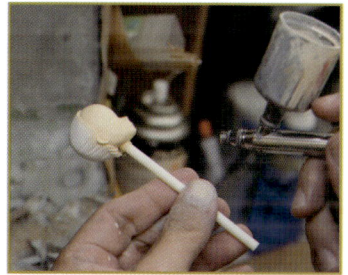

여기서는 턱의 아래에 뿜어줍니다. 머리 전체에 모두 색이 칠해졌습니다. 엉뚱한 부분에 색이 덜 칠해진 부분이 생기지 않도록 여러 각도에서 보면서 체크해 봅시다.

먼저 색을 뿌린 상반신이 머리에 색을 뿌리고 있는 동안에 충분히 건조되었기 때문에 지금까지 손잡이에 꽂아두었던 발 부분에 뿌려줍니다. 건조를 기다리는 시간이 생기기 때문에 효율적으로 작업을 합시다.

POINT 도료의 농도

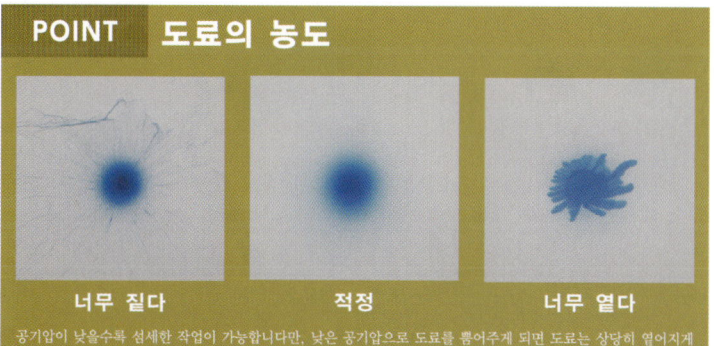

너무 짙다　　적정　　너무 옅다

공기압이 낮을수록 섬세한 작업이 가능합니다만, 낮은 공기압으로 도료를 뿜어주게 되면 도료는 상당히 옅어지게 됩니다. 반대로 광범위하게 한번에 뿌릴 때에는 다소 짙게 공기압을 높여주는 것이 좋습니다. 어찌되었든 푸석푸석하게 거친 입자가 뿌려지게 되면 너무 짙은 것, 반대로 도료가 흘러내리게 되면 너무 옅은 것입니다.

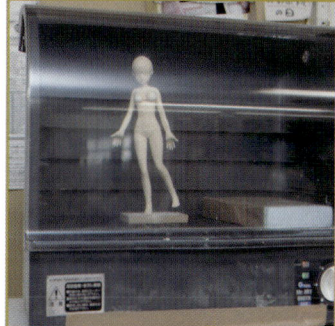

피부색 부분의 도장작업이 일단 끝났습니다. 여기서는 시간을 효율적으로 쓰기 위해 건조기를 사용해서 한번에 건조시켰습니다만, 프로가 아닌 이상 자연스럽게 건조를 기다리는 편이 좋을 것입니다.

PART 7 ▶ 스텝 업 도장
마스킹을 합시다

색을 뿜어줄 때에 그 색을 칠하고 싶지 않은 부분을 무언가로 감싸 도료로부터 방어하는 것을 가리켜 「마스크」(=감싸다)라고 하는 말에서 「마스킹」이라는 말이 나왔습니다. 피규어 조형의 경우, 주로 마스킹은 마스킹 테이프를 사용하는 경우와, 접착 후 경화되는 마스킹 졸을 사용하는 경우가 있습니다만, 여기서는 그 두 종류 중 더욱 일반적인 마스킹 테이프를 사용하는 방법을 소개하도록 하겠습니다.

도료를 칠하고 싶지 않은 부분을 감싸두는 「마스킹」작업에 들어갑니다. 사진은 시판되는 마스킹 테이프. 테이프의 폭은 세 종류가 있으며 칠해지는 경계면 등 자잘한 부분에는 가느다란 것을 사용합니다.

마스킹 테이프를 커터 매트 같은 곳에 붙여 디자인 나이프나 커터로 쓰고 싶은 크기나 굵기로 잘라내서 사용합니다.

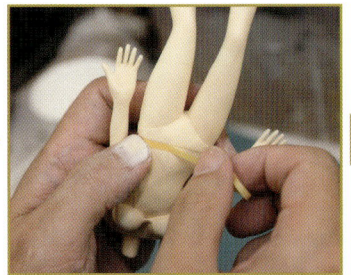

여기서는 수영복 부분에 도료를 뿌리기 위해서 이미 칠해진 피부 색 부분을 마스킹 테이프로 감아줍니다. 우선은 칠해지는 경계선 가장자리에 가느다란 테이프를 붙여줍니다.

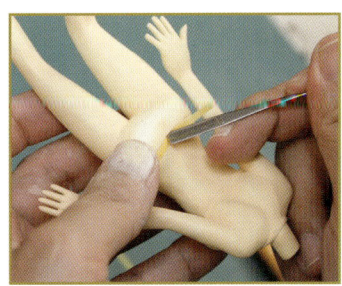

틈에서 도료가 흘러나오시 않도록 손가락이나 주걱 같은 것으로 확실히 경계부분을 눌러, 붙여줍니다.

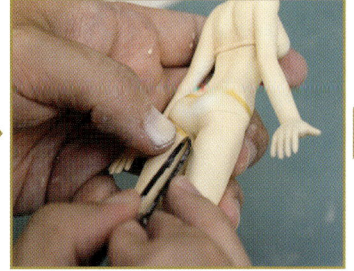

파고 들어간 부분이나 곡선부분 같은 곳은 가늘게 자른 테이프의 파편을, 조금씩 각도를 바꿔가며 붙여주는 방법 등으로 대응합니다.

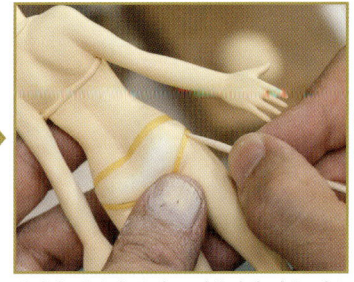

세세한 부분의 틈에도 이쑤시개 같은 것으로 확실히 눌러줍니다. 이걸로 팬티 주변부분의 마스킹은 끝났습니다.

마찬가지로 가슴 부분도 작업을 진행합니다. 세밀한 부분의 마스킹은 매트에 붙인 마스킹 테이프에서 작은 조각을 잘라냅니다.

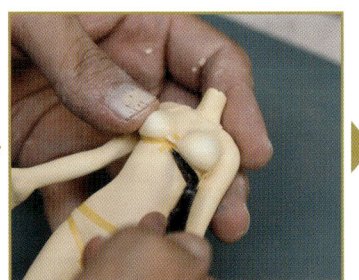

잘라 둔 작은 테이프 조각을 핀셋 같은 것으로 조심스럽게 붙여줍니다. 작기 때문에 팔랑거리며 벗겨지지 않도록 확실히 붙여줍시다.

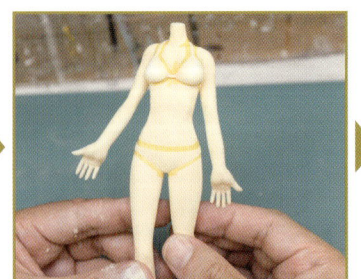

색칠 경계선을 마스킹 테이프로 감아주었습니다. 이어서 넓은 부분을 감아줍니다.

How to Make Figure 스텝 업 도장 PART 7

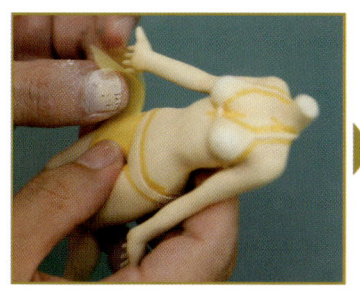 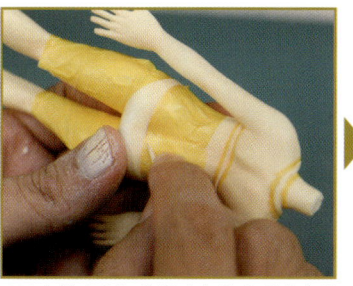 

넓은 부분의 마스킹은 폭이 넓은 마스킹 테이프를 사용하여 경계선 부분에 가까운 부분부터 먼 부분으로 순서대로 감아줍니다.

도료가 뿜어졌을 때 들어갈 틈이 생기지 않도록 이음새 부분은 특히 이쑤시개 같은 것으로 확실히 밀어서 붙여 줍시다.

마스킹 완료. 뿌리고 싶은 수영복 부분만이 노출되었습니다.

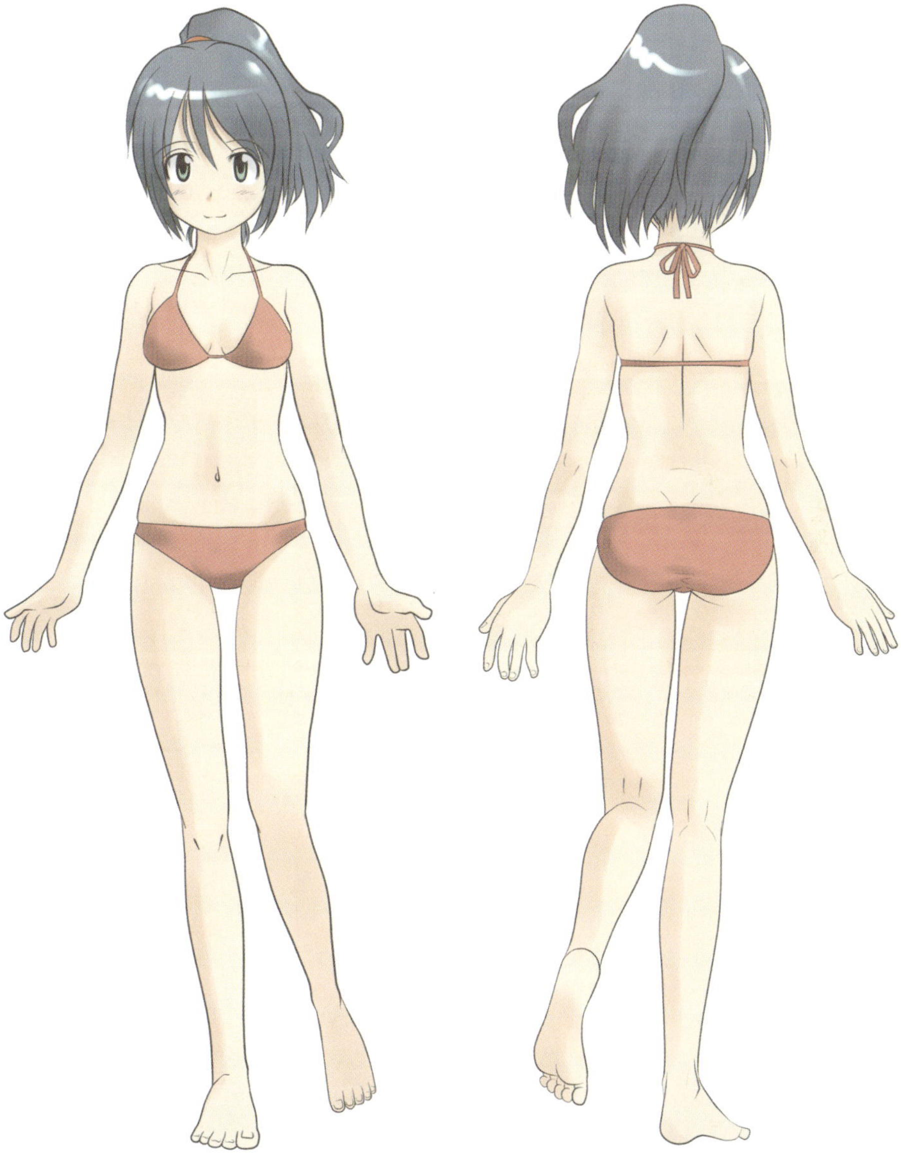

PART 7 ▶스텝 업 도장
수영복의 색을 뿌려준다

피부색 부분을 마스킹 테이프로 감싸 노출된 수영복 부분을 향해 뿌려줍니다. 마스킹 위에 색이 입혀지는 것은 문제가 없습니다만, 틈에서 안으로 도료가 침투하지 않도록 앞 항목에 따라 틈이 없는지 다시 체크해 봅시다.

피부색이 삐져나온 부분은 위에서 붉은색을 뿌리면 보이지 않습니다만, 붉은색은 삐져나오면 옅은 피부 색으로는 가릴 수 없는 경우도 있기 때문에 여기는 특히 주의합시다.

피부 색과 같은 요령으로 수영복의 붉은 색을 만들어 줍시다. 여기서는 Mr.컬러의 샤인 레드(79번)와 화이트(1번)를 섞어주었습니다.

수영복 색을 뿌려줍니다. 여기서도 우선은 바스트 밑이나 겨드랑이 등, 그림자가 지는 부분부터 뿌리기 시작합니다.

바스트 위쪽 등 밝은 부분에도 겹쳐 뿌려줍니다. 목 뒤까지 뿌려서, 안 뿌려진 부분이 없도록 합시다. 테이프 위에 색이 묻어도 상관 없습니다.

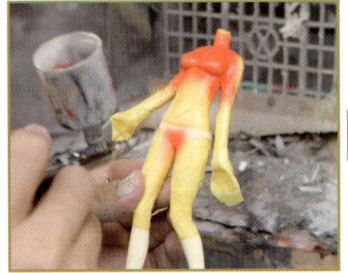
가슴에 이어 허리 부분도 뿌려줍니다. 역시 그림자가 지는 부분부터 뿌려줍니다. 이렇게 해서 음영을 만들어 주는 것으로 입체감을 강조할 수 있습니다.

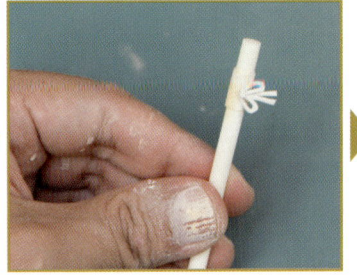
마르기를 기다리는 사이, 같은 색으로 도장할 별도의 파츠화되어 있는 수영복의 매듭 부분을 칠해줍니다. 손잡이 끝에 테이프로 붙여서 뿌려줍니다.

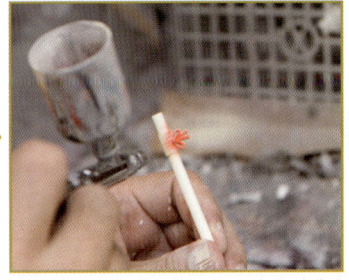
작은 파츠이기 때문에 공기로 인해 날아가지 않도록 손잡이와 확실히 붙여줍니다. 측면에 뿌리다 남기지 않도록 주의합시다.

수영복 부분을 모두 도장하였습니다.

마스킹 테이프를 떼어낸다

PART 7 ▶스텝 업 도장

마스킹 테이프를 벗겨내는 것은 특별히 이렇다 할 기술이 필요하지 않습니다. 신경을 쓸 점은 두가지. 첫 번째는 충분히 마른 다음에 떼어낼 것. 또 한가지는 벗겨낼 때에 손가락이나 핀셋으로 인해 도장막(塗裝膜)에 상처가 생기지 않도록 할 것. 이것만 주의하면 나머지는 평범하게 테이프를 벗겨내는 것과 마찬가지이기 때문에 문제없습니다. 테이프를 벗겨내고 피부 색 부분에 색이 삐져나가지 않았다면 성공입니다. 삐져나가고 만 부분은 붓으로 수정해 줍시다.

도료가 충분히 건조되었다면, 마스킹 테이프를 벗겨냅시다. 붙이는 작업과 반대로 우선은 커다란 부분부터.

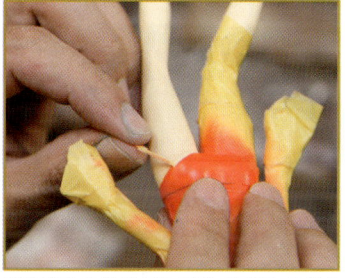

가장자리 주변의 가느다란 부분도 조심스럽게 벗겨냅니다. 여기서도 피부 색 부분의 도장막에 상처가 가지 않도록 기본적으로는 손가락으로 벗겨냅니다.

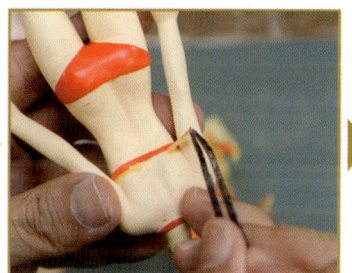

너무 가늘어서 손가락으로 벗겨내기 어려운 경우에는 핀셋을 사용합니다. 다만 뾰족한 핀셋의 끝부분으로 도장막을 손상시키지 않도록 부디 주의합시다.

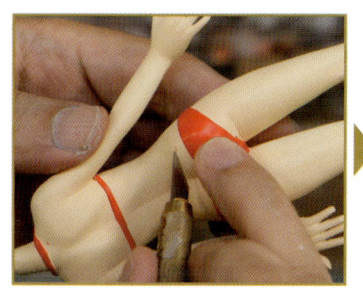

틈에서 붉은 도료가 피부 색 부분에 스며나왔습니다. 디자인 나이프, 혹은 1000번대 사포 같은 것으로 문질러 떼어내고 붓칠로 수정합니다.

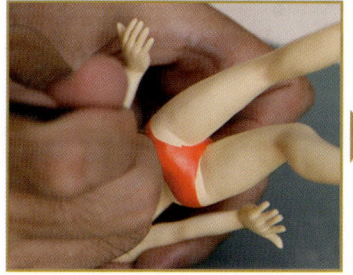

마스킹 테이프 라인이 잘 이어지지 않아, 각이 지고 만 예. 이 정도라면 붓칠로 수정할 수 있겠지요.

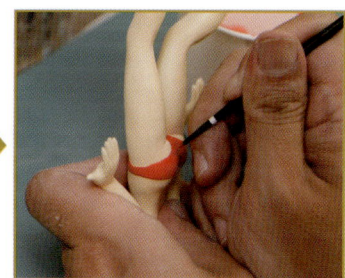

붓칠에 의한 수정. 짙은 붉은 색 위에 옅은 피부 색을 칠해주어도 밑색을 가릴 수 없기 때문에 붉은 색으로 라인을 수정해 줍시다.

PART 7 ▶스텝 업 도장
머리카락을 칠한다

머리카락의 색을 칠합니다. 얼굴과 색칠의 경계선 부분은 별도로 파츠화된 앞머리 파츠로 가려지기 때문에 철저하게 마스킹하지 않더라도 문제는 없습니다. 같은 색을 다시 조색하는 것은 어렵기 때문에 그 머리카락이나 포니테일처럼 같은 색 파츠는 될 수 있는 한 같은 타이밍에 칠해주는 것이 좋습니다. 다른 파츠의 건조시간 등, 시간을 효율적으로 사용하여 각 작업을 진행해 봅시다.

우선은 칠 경계면을 붓으로 칠해줍니다. 붓칠의 경우는 바닥이 얕은 그릇 쪽이 편리. 여기서는 종이컵을 잘라 사용했습니다.

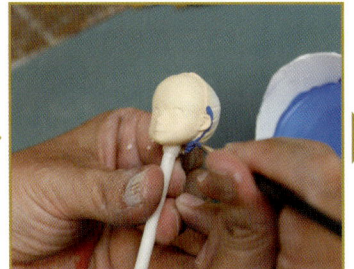

세필로 머리카락 경계선부터 머리카락 쪽 방향을 따라 칠해줍니다. 참고로 사용한 도료는 Mr.컬러의 인디블루(65번)+화이트(1번)입니다.

여기는 앞머리 파츠로 가려질 부분이기 때문에 너무 신경써서 칠할 필요는 없습니다. 머리카락을 칠할 준비단계로 생각해 두는 편이 좋겠습니다.

붓으로 다 칠한 안쪽 부분에 에어브러시로, 만든 색을 뿌려줍니다. 경계선 부분부터 후두부를 향해 뿌려나갑니다.

여기서는 얼굴부분을 마스킹하지 않았습니다. 다만, 에어브러시를 사용하는 것이 익숙하지 않을 경우에는 마스킹하는 편이 안전하겠죠.

같은 색으로 포니테일 파츠에도 도료를 뿌려줍니다. 지금까지의 도장 작업과 마찬가지로 홈이 파인 부분부터 뿌려서 겹쳐줍니다.

다 뿌렸습니다. 손잡이가 짧으면 손가락에도 도료가 묻습니다. 도료가 묻은 손으로 다른 파츠를 만지지 않도록 주의합시다.

앞머리 파츠와 마찬가지로 뿌려줍니다. 같은 색 부위는 될 수 있는 한 한번에 칠해주도록 하여 효율적인 작업을 하도록 주의합시다.

머리카락에서 빛이 닿는 부분(하이라이트)을 넣어주는 경우도 있습니다. 너무 일러스트 같아 보이는 경우도 있기 때문에 넣을지 말지는 자신의 기호에 따라 결정합시다.

PART 7 ▶스텝 업 도장

얼굴의 도장

여기부터는 세세한 얼굴의 도장에 들어갑니다. 회화적인 기술이 요구되며 그것도 그 완성도가 피규어의 완성도로 직결되는 부분이기 때문에 신중하게 진행합시다. 도료는, 락커 계통의 바탕을 침식하지 않는 에나멜 계통 도료를 사용했기 때문에 실패했을 때에는 간단히 지울 수 있습니다. 실패하지 않는 것은 중요하지만, 그 이상으로 리커버리가 쉬운가를 고려하는 것도 중요합니다.

우선은 락커계 도료로 흰자를 칠해줍니다. 눈을 마스킹해서 바탕에 흰색을 살리는 경우도 있습니다만, 어려운 작업이기 때문에 여기서는 살색 위에 하얀색을 칠했습니다.

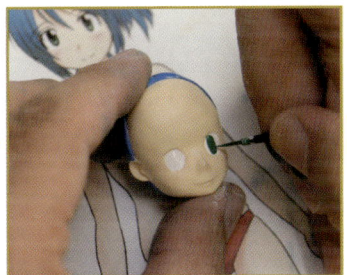

에나멜 도료로 검은자를 칠해줍니다. 여기서 에나멜 도료를 사용하는 이유는, 실패해서 용제를 닦아내서 수정해도 바탕의 락커 도료의 도막을 침투하지 않기 때문입니다.

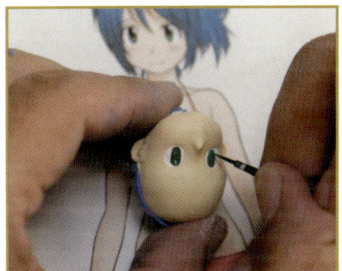

붓칠로 타원을 깨끗하게 그려주는 것은 어려운 작업입니다. 피규어의 방향을 움직이는 등, 칠하기 쉽도록 하는 연구가 필요합니다. 견본을 보면서 조심스럽게 진행합시다.

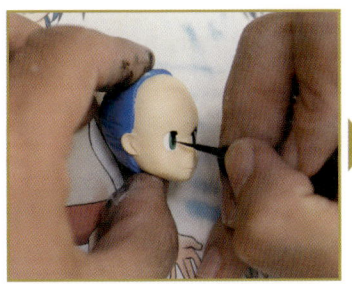

검은자 안에 더욱 짙은 색 부분, 동공을 에나멜 도료로 그려 넣어 줍니다. 세필을 짧게 잡고 조심스럽게 진행합시다.

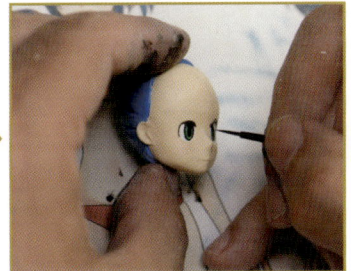

눈의 아웃라인이나 눈썹을 그려줍니다. 여기도 실패했을 때의 수정이 편한 에나멜 도료로 그려줍니다.

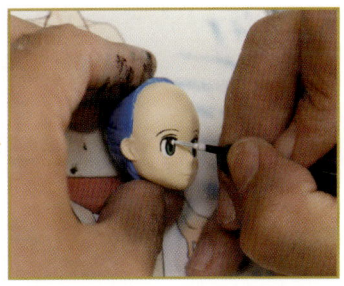

마지막으로 화이트로 동공의 아이라이트를 그려주는 것으로, 피규어에 생기를 불어 넣으면 눈동자가 완성됩니다.

작업하는 도중 때때로 앞머리 파츠를 맞춰보며 보이는 모습을 확인해 봅시다. 눈의 크기 등 인상이 의외로 변하게 됩니다.

PART 7 ▶스 텝 업 도 장

마무리

세세한 부분의 마무리 작업을 합니다. 여기서는 주로 세밀한 부분을 붓으로 색칠하겠습니다. 이번에는 수영복이기 때문에 이것으로 완성입니다만, 예를 들어 호화로운 드레스나 전국시대 갑옷 같은 복잡한 의상의 피규어라면, 칠하는 경계선이 많고, 또한 별도 파츠화된 부위도 많기 때문에 여기서부터 마무리까지도 상당히 먼 길이 남아있습니다. 역시 복잡한 의상은 어느 정도 피규어 만들기에 익숙해진 다음부터 도전합시다.

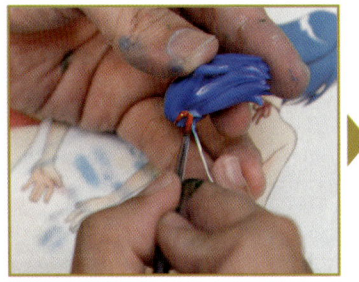

머리카락의 리본부분 등, 자잘하게 칠 경계선이 나뉘어져 있는 부분을 붓으로 칠해줍시다. 여기까지 오면 이제 앞으로 한걸음!

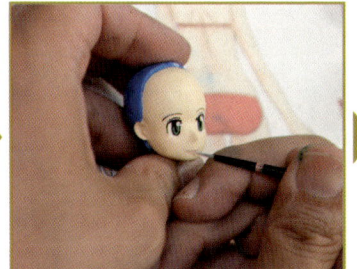

에나멜 도료로 입술을 넣어줍니다. 사이즈가 큰 경우에는 입술에 하이라이트를 넣어주는 경우도 있습니다.

에나멜 도료로 뺨의 발그레한 부분을 넣어줍니다. 사이즈가 큰 경우에는 에어브러시로 뿜어주는 편이 자연스러운 마무리가 됩니다.

POINT 눈동자를 그리는 법

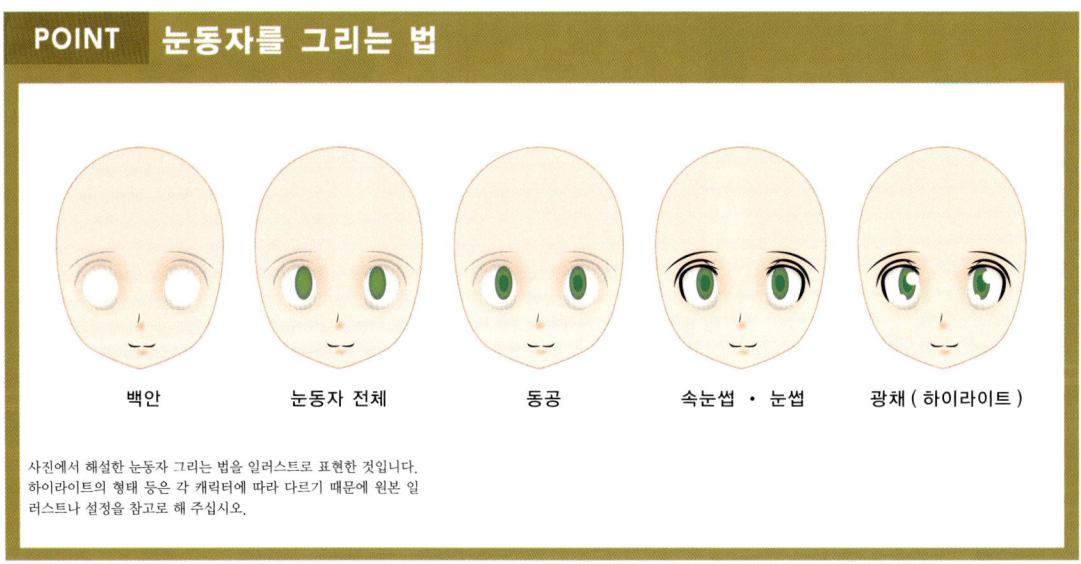

백안 · 눈동자 전체 · 동공 · 속눈썹 · 눈썹 · 광채(하이라이트)

사진에서 해설한 눈동자 그리는 법을 일러스트로 표현한 것입니다. 하이라이트의 형태 등은 각 캐릭터에 따라 다르기 때문에 원본 일러스트나 설정을 참고로 해 주십시오.

무광택으로 마무리

PART 7 ▶ 스텝 업 도장

도료의 광택이 그대로 남아있게 되면 피부나 의류의 질감이 나오지 않기 때문에, 마지막에 무광 스프레이로 색을 안정시켜 마무리합니다. 이번에는 보통 수영복이기 때문에 전체적으로 뿌려주었지만, 물론 금속이나 나일론 같은 광택이 있는 의상의 경우는 광택을 지울 필요는 없습니다. 그런 경우에는 무광 스프레이를 뿌리지 않고 별도로 만들거나, 반대로 더 반짝이도록 하는 등, 광택을 내기 위한 작업을 하는 경우도 있습니다.

파츠를 조립해 보고 원본 일러스트와 비교하면서 마무리 체크를 해 줍시다.

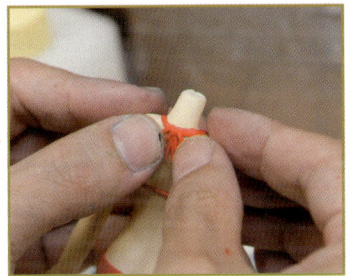
매듭 등, 따로 마무리한 파츠를 본체에 끼워 넣습니다. 이후 스프레이로 마무리 하기 때문에 머리카락 등 조립할 파츠는 아직 장착하지 않습니다.

도장이 끝난 파츠가 일단 모였습니다. 하얀 덩어리였던 것에 색을 입혀 완성에 가까워졌습니다.

마지막 마무리로 무광 스프레이로 광택을 억제하여 색과 질감을 정돈합니다. 스프레이 캔을 잘 흔들어 뿌립니다. 여기서 화기와 환기에는 충분한 주의가 필요합니다.

도장과 마찬가지 요령으로 각 부위에 무광 스프레이를 뿌려줍니다. 너무 많이 뿌리면 표면이 푸석푸석해지기 때문에 주의합시다.

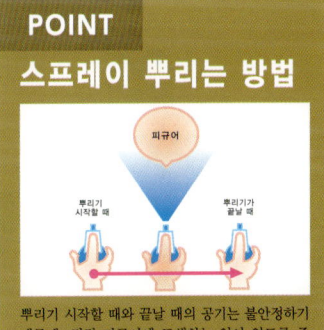
POINT 스프레이 뿌리는 방법

뿌리기 시작할 때와 끝날 때의 공기는 불안정하기 때문에, 직접 피규어에 도색하는 일이 없도록 주의합시다. 뿌리면서 피규어의 전면을 스프레이가 좌우로 스치듯이 움직여 주는 것이 기본입니다.

시판되는 캔 스프레이는 기본적으로 에어브러시로 도료를 뿌려줄 때보다 공기압이 세고 강하게 뿌려지기 때문에 도장 시보다 조금 거리를 떨어트리는 것이 좋겠습니다.

마지막 정밀조정. 눈의 도장을 정리합니다. 하이라이트 부분이기 때문에 이 다음에 다시 광택을 지우지 않아도 좋겠지요.

완성된 각 파츠를 장착하면 완성입니다.

PART 7 ▶ 스텝 업 도장

완성품을 들여다 봅시다

여기까지의 공정으로 드디어 완성된 피규어를, 여러 각도에서 촬영했습니다. 어디가 어느 공정에서 포인트가 되었던 부분인지 확인하면서 봅시다. 자신이 만든 경우도 완성된 것을 잘 관찰하여 어디가 잘 되었고 어디가 실패했는지를 확인하여 정리합시다. 작품을 검토하는 것은 다음 작품을 만드는 스킬 업이나 모티베이션의 향상에 굉장히 도움이 됩니다. 만드는 것뿐만이 아니라 관찰하는 것도 또한 중요합니다.

용어해설 (가나다 순)

데생
미술용어로 선으로 그린 그림. 대상이 되는 모티프를 선으로 그려낸 것. 소묘.

데포르메
데생을 할 때, 대상이 되는 모티프의 특징적인 일부분을 과장하거나 간략화시켜서 변형시키는 기법을 말한다.

디자인 나이프
미술·조형에서 빈번하게 사용되는 공작용 나이프. 자루와 칼을 분할할 수 있어, 칼날을 교환하며 사용한다. 칼날은 30° 혹은 45°로 직선적인 커트가 되어 있는 것이 일반적으로 세밀한 부분의 절단이나 깎아내는 용도 등 다목적으로 사용된다.

디테일
전체 중의 일부분을 가리킨다. 세부라고도 한다.

락커계 도료
유성 플라스틱용 도료. 건조가 상당히 빠르고, 도장면이 강한 것이 특징. 베이스가 되는 도료로서 최적.

마스킹
도장을 실시하는 부분 이외를 덮어씌운다(마스크를 씌운다)는 것. 마스킹 테이프는 그러기 위한 테이프로, 접착력이 약하게 설정된, 종이로 된 테이프이다.

사포
샌드페이퍼라고도 함. 종이로 된 시트에 까끌까끌한 연마제가 붙어있다. 결이 거친 것부터 넘버링이 되어 있어 숫자가 클수록 결이 곱다.

스컬피
미국에서 개발된 열로 경화되는 점토재. 잘 반죽해서 조형하고 그 뒤에 오븐에 구워 경화시킨다. 구운 뒤에는 가공이나 도장이 가능한 면도 있어 범용성도 높다. P17 참조.

스파츌러
주걱종류. 조리, 조형, 의술용 등, 목적별로 여러 가지 종류가 있지만, 본서에서는 모형점 같은 곳에서 조형용 공구로 팔고 있는 것을 가리킨다.

에나멜계 도료
유성도료의 일종. 잘 펴지고 붓칠에 적합하지만 건조가 늦고 도장면도 약하다. 겹쳐 바르더라도 다른 계통 도료를 침식하지 않기 때문에, 세밀한 부분의 도장이나 웨더링(오염) 처리를 하는데 자주 쓰인다.

에어브러시
도장에 사용하는 스프레이 기재, 혹은 그 도구 전체. 일러스트레이션이나 모형의 도장 등에 사용한다. 본체(하드피스)와 도료 컵, 컴프레서(공기압축기) 혹은 공기 봄베로 구성된다.

조각칼
조각이나 판화 같은 곳에 사용되는, 깎아내는 용으로 쓰이는 날붙이 전반. 끝부분의 모양에 의해 용도가 다르다.

주걱
스파츌라와 동일.

줄톱
가는 날의 세공용 톱. 본서에서는 커터 톱, 하비 톱이라고 불리는 칼날모양 톱을 사용했다.

풀 스크래치
기성 상품이 아니라 자작으로 파츠를 만들어 모형 같은 것을 제작하는 것을 스크래치 빌드(단순히 스크래치라고도)라고 부르며, 그 중에서도 모든 부품을 자신이 만드는 것을 풀 스크래치 빌드(풀 스크래치)라고 부른다.

폴리퍼티(폴리에스테르 퍼티)
주제가 되는 퍼티(페이스트 상태)에 경화제를 섞어 사용하는 충진제. P16참조.

핀바이스
플라스틱이나 목재 같은 것에 작은 구멍을 뚫기 위한 공구의 일종. 드릴모양이 된 칼을 대상물에 찔러넣어, 손잡이 부분을 잡고 대상물을 고정시킨 후 날과 일체화된 날 뿌리부분을 회전시켜 구멍을 뚫는다.

환도
석분을 사용한 점토 중, 아트 클레이 사의 제품의 명칭. 석분점토의 대표적인 상품이기 때문에 대명사적으로 사용되는 일도 있다.

피규어의 달인
~초급편~

초판 1쇄 인쇄 2012년 03월 25일
초판 2쇄 발행 2015년 12월 25일

펴낸이 : 이동섭
펴낸 곳 : ㈜에이케이커뮤니케이션즈
등록 : 1996년 7월 9일(제 302-1996-00026호)

저자 : 피규어 제작 향상위원회
편집 · 집필 : 우에카와 하타하쿠(field-y), 와키☆스타, JUKE히로이
촬영 : 마루야마 나오(Earnest)
커버 디자인 : 도쿠나가 준코
본문 디자인 · DTP : 오쿠야마 히사시(유루유라 디자인), 시게미야 츠요시(M&K), 노구치 토모미(M&K)
모델 · 본문 일러스트 : 사카키 레이로
피규어 제작 : 야케자키 신이치(고토부키야)
제작 협력 : 주식회사 고토부키야

번역 : 문우성
한국어판 편집 : 이민규
한국어판 디자인 : 이혜미
마케팅 : 송정환 · 홍인표
관리 : 이윤미

㈜에이케이커뮤니케이션즈
등록 1996년 7월 9일(제302-1996-00026호)
주소 : 04002 서울 마포구 동교로 17안길 28, 2층
TEL : 02-702-7963~5 FAX : 02-702-7988
http://www.amusementkorea.co.kr

ISBN 978-89-6407-267-7 17630

한국어판ⓒ에이케이커뮤니케이션즈 2012

フィギュアの達人 初級偏
FIGURE NO TATSUJIN SHOKYUHEN
ⓒkotobukiya 2008
All rights reserved.
First published in Japan in 2008 by kotobukiya Ltd.
Republic of Korean version published by A.K Communications, inc.

이 책의 한국어판 저작권은 일본 ㈜新紀元社사와의 독점 계약으로
㈜에이케이커뮤니케이션즈에 있습니다. 저작권법에 의해 한국 내에서
보호를 받는 저작물이므로 무단 전재와 복제를 금합니다.

*잘못된 책은 구입한 곳에서 무료로 바꿔드립니다.